U0023460

空服員的
服務管理

Cabin Crew
Service Management

蘇宏義◎著

序

　　運輸事業首重安全，航空運輸的安全格外重要，因為飛機速度最快，如不幸出事，後果不堪設想。為確保航機不發生飛安事件，航空公司皆竭盡所能、兢兢業業，但令人難過的是，《中國時報》2015年3月25日報導，在2014年3月至2015年3月的一年之內就發生七起重大空難，更凸顯安全逃生的重要。

　　航機在空中飛行是一完全密閉的運輸器具，飛安事件的發生，有機械也有人為的原因，如何避免？如何化險為夷？如何將損害降至最低？萬一不幸要緊急撤離乘客，雖然飛航組員（尤其機長）的處置最為關鍵，但在航機上客艙組員的冷靜與熟練協助旅客逃生，也是非常重要。

　　影響乘客搭機安全的不是只有「飛安事件」，航機自關艙門起飛直到降落開艙門止的過程中，有可能遇到不穩定的氣流（亂流）、乘客生病（尤其是心臟病）、死亡乘客、酒醉滋事的乘客，甚至不幸遇上恐怖攻擊與劫機的嚴重事件等，這些狀況的第一時間都要靠在客艙內工作的客艙組員先予以通報或處置。

　　航空公司派在航機上的工作人員，民航法規稱之為「組員」，即在駕駛艙內的飛航組員（現今的飛航機械員很少）與在客艙的客艙組員。每一航次所配置的客艙組員不多（最多大約20人）。然飛航組員要專心駕駛飛機，無暇鉅細靡遺地照顧在客艙內的乘客，有關乘客的安全，只有仰賴在客艙服務的客艙組員。這就是民航法規規範客機上要配置客艙組員的用意——主要在從事「與乘客有關安全工作」。

　　民航法規同時要求航空公司要訂定客艙組員手冊，據以實施。民航機關為了檢視航空公司對客艙服務有否按照報經民航機關核准的「手冊」執行，會不定時派員檢測，對於未依規範的操作，除了對客艙組員本人處罰外，也會視情節輕重，課以航空公司連帶處分。所以本書在重

要的章節裡引用不少相關法規條文，讀者也許會覺得枯燥無味，但所有法規的規範都是為了飛航安全，客艙組員不可不知。

由於航空公司對維護飛航安全盡心盡力，航機本身需要緊急降落的情況不多，遇上緊急逃生、劫機或恐怖攻擊的狀況，乘客可能連想都沒想過，以致認為客艙組員在航機上的工作是提供餐飲服務，對於客艙組員與乘客有關「安全工作」的要求與做法（如要求乘客繫緊安全帶），可能還有少數乘客無法體會，導致遇上亂流時因未繫緊安全帶而撞得頭破血流的不幸。

客機是載運客人，如果乘客搭機沒有安全，航空公司的服務再好、票價再低，都是枉然！所以「沒有安全就沒有服務」，是航空公司秉持的經營理念。

航空從業人員，不論擔任何種工作，瞭解越多的航空運輸常識對工作越有幫助。為此，書中也介紹客艙組員應有的基本航空運輸常識，提到客艙組員在航空運輸的角色，進而論及客艙組員的招募、錄用、訓練與管理。

客艙組員為航空公司派在客機上服務的人員，服務永無止境。筆者謹就多年在交通、民航機關與在航空公司工作期間經常搭機的觀察與體驗，重點式撰寫本書。有關客艙組員具體的服務內容，每家航空公司各有特色，都會施予專業的訓練。

本書書名使用「空服員」，而不用書中所用的法規名詞「客艙組員」，乃考慮廣大讀者可能比較熟悉「空服員」這個名詞使然。

每一種行業都有專業術語與縮寫，在航空運輸上，英語的專業術語特別多，而且都用縮寫，如客艙的事務長（Chief Purser）就簡稱CP，因而本書整理常用縮寫於附錄一中，供作參考。

本書是繼拙著《航空運輸實務》出版後，應揚智文化公司要求的專業寫作，掛一漏萬之處，在所難免，尚請專家先進不吝指教，感激之至！

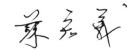

目　錄

第1章

客機派遣客艙組員的由來

- 何謂客艙與客艙組員？
- 客艙有等級之分
- 先有客機才有客艙組員
- 飛，吸引當客艙組員，也誘惑年輕朋友
- 客艙組員的角色
- 航空公司重視客艙的安全服務

 第一節　何謂客艙與客艙組員？

　　客艙（cabin）顧名思義是提供乘客使用的艙間，有座椅、洗手間、燈光等設備。客艙組員（cabin crew）是台灣民航法規所用的法規名詞，係指「由航空器使用人（大部分是航空公司）或機長指定於飛航時，在航空器（大部分指飛機）內從事與乘客有關安全工作或服務之人員。」一般消費大眾稱之為空中小姐或是空中少爺，或簡稱為空服員、乘務員。為符合民航法規以及航空公司的手冊用詞，本書使用「客艙組員」一詞。

　　組員（crew）一詞由海運的船員（海員）而來（因為先有海運後有空運），係指在船上全體為船的航行而工作的人員（含船長），是指一個群組。後來發明航空器以後，於航機飛航時在航機上工作的人員亦隨海運稱為組員，也是一個群組（含機長），有飛航組員（cockpit crew/pilot）與客艙組員，是共同在客機上為乘客服務的一群。

長榮皇璽桂冠艙的客艙區
圖片來源：長榮航空提供

空勤組員＝飛航組員＋客艙組員

商務客艙的一角

　　由於客艙組員是在客機上工作，有必要對先進客機的客艙設計做概念性的瞭解，茲將部分航空公司的新客艙提供如下圖，讓讀者先睹為快。客艙乘客座椅的安排，攸關該客機是朝商務或是旅遊的營運方向，也是決定航空公司獲利與否的關鍵。

3

波音787客機商務艙

圖片來源：http://www.airlinereporter.com/

第二節　客艙有等級之分

　　通常客機艙內的內裝是由買家決定的，前後排座椅的間距大小、座椅靠背的傾斜度，都是決定一架客機可以提供多少機位的關鍵。高價機票的位子坐起來舒服，但不是人人都買得起；狹窄低價的機位坐起來不舒服。所以航空公司就會按照市場的情況，安排不同的艙等座椅。當然，也有只安排經濟艙一種艙等的商用客機（都用在短程或旅遊航線），現在興起的廉價航空的飛機，大部分也都只有一個經濟艙等，而且其前後座椅的間距比一般航空公司的經濟艙還小，因為可以多安排座椅銷售。記得波音747型巨無霸客機問世後不久，日本航空曾安排整架客機全部都是經濟艙，座位超過500個，專門飛日本的國內航線。

　　2015年11月13日，《蘋果日報》報導阿聯酋航空在杜拜航空展上，展示新A380空中巴士，不設頭等艙，只設商務艙及經濟艙座位，破紀

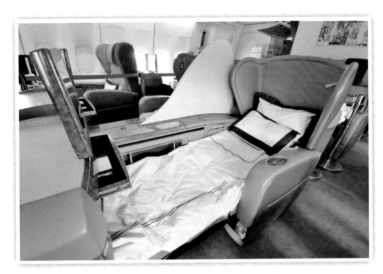

頭等艙乘客座椅

錄能容納615個座位，而經濟艙的座位與前座距離保持不變。英國《每日郵報》報導，阿聯酋航空目前設有頭等艙、商務艙及經濟艙的A380可以容納517人，公司將14個頭等艙座位移除，再將商務艙座位數目由75減至58，取而代之大幅增加130個經濟艙座位。

　　60、70年代的客機只有頭等艙及經濟艙兩種艙等，差別很大！航空公司後來發現頭等艙的客人不是公家付帳的高官就是富豪，但不是班班客滿，常有空位。因此，有航空公司推出一種介於頭等艙與經濟艙之間的艙等──商務艙（Business Class），也有稱之為公務艙，當然座椅及票價也是介於頭等艙與經濟艙之間，使得中間階層的消費者有能力享受。從此以後，長程航線維持很長時間的三種艙等，但仍有少數只保有頭等艙和經濟艙兩種艙等的航空公司，雖其頭等艙的椅子與一般商務艙的座位一樣，但賣頭等艙的票價。

　　各艙等座位數量的多寡，要視該客機所飛航線的市場狀況和該型客機的使用率而定。如果是旅遊航線，不建議配置高艙等的座椅，反之，如果是商務或散客多的長程航線，建議就要多配置高艙等的座位，甚至

5

全部都是高艙等的。如果是長程洲際航線，能配置一些可平躺的高艙等座椅，更受歡迎。

商務艙

第三節　先有客機才有客艙組員

2013年12月31日台灣《中央社新聞網》報導，在飛機發明十年後的1914年元旦，美國前聖彼得堡市長Abram Pheil以美金400元的拍賣票價搭乘了二十三分鐘航程的飛機，成了全球第一位付費搭乘飛機的乘客（之前送禮物＋免費，請人搭飛機都很難，更不用說還要付錢買票）。

有了上述市長的「冒險」義舉，在節省時間的引誘下，終究有越多不怕的人來嘗試搭乘飛機。人類是聰明的，藉由科技的研究發展，飛機的安全性越來越高，使得人類對搭乘飛機也越來越不恐懼——有信心，敢搭的人也就慢慢多了起來。後來因為飛機的安全性成為所有運輸工具中最

高的，於是飛機已成為今日人類生活中不可或缺的交通工具。如今也因為沒有任何交通工具比飛機快，只要談到出國或是比較長途的旅行，搭飛機是首選。越多人搭飛機，航空公司不是添購飛機，就是由小的飛機換成大的飛機，生意就越來越興隆。航班多，需要的客艙組員也就越多。

根據國際航空運輸協會（International Air Transport Association, IATA）的統計，2013年全球已達約31億人次搭乘飛機。IATA並表示，全球每天約有800萬人次搭機，2014年超過33億人次搭乘飛機，成長驚人！波音公司在2013年9月更預測在二十年內，亞洲太平洋區就會新購12,820架飛機，在2014年每天約有10萬架次的飛機在天空上飛，而且還在增加之中，至2015年已有35億人次。

在天空上飛行的飛機，從衛星上看下來有如螢火蟲，密密麻麻的，真是不敢想像！我們也懷疑——如果飛機都不飛，機場是不是足夠飛機停放？

飛機剛被利用來載運旅客初期，因為飛機小，載客少（至今還有載客5人的小飛機），航程短（約在一小時內），也飛不高，在航程上除了安全的提示外（如繫好安全帶），旅客不需要也不在意其他的服務，只在意安全地到達目的地。有關航空運輸都由航空業者自己管理自己，沒有管理的機關，更沒有民航法規來規範。

當今雖有民航管理機關頒布民航法規及行政命令來管理航空公司，但是規範航空公司要派遣客艙組員的法規，也只有規範航空器載客座位數二十座（含）以上的航空器才要派遣，而且也只有最低派遣人數的規範，沒有最高派遣人數的限制。現行的民航法規也只規範在客機上應有最低客艙組員人數的派遣限制（請參閱「航空器飛航作業管理規則」第188條）。

由於飛機不斷地推陳出新，航空運輸不斷地發展，飛行高度越來越高，飛行速度越來越快，發生不幸空難的死傷也越來越慘重，引起國際以及各國政府的高度重視，航空公司更不敢掉以輕心，除了加強對飛航組員的訓練外，也加強飛機的機務維修。可是航空器駕駛員（飛航組

客艙組員招呼乘客登機

員）要專心駕駛（尤其是在起飛與降落時間），無暇關心客艙乘客是否安全乘坐，因此，有關客艙乘客的安全與服務，必須另有他人協助機長處理，客艙組員的派遣乃應運而生。

第四節　飛，吸引當客艙組員，也誘惑年輕朋友

　　飛，從古到今一直是許多人的夢想。飛，吸引當客艙服務員，也誘惑了年輕朋友。

　　2015年4月初，台灣各媒體紛紛報導3月29日台灣某單位接待參觀阿帕契直升機的賓客拍攝留念並PO上網分享的消息，轟動一時。不論此一行為的正當性如何，法院後來的裁定結果如何，此舉說明了凡與飛機或飛行有關的事情，至今還是許多年輕朋友嚮往的，且仍然有增無減。想當飛航組員與客艙組員的朋友尤其多！

　　既然每一天大約有800萬人次搭乘飛機，航空公司對空勤人員的需求也一直有增無減。不用說想當飛行員者大有人在（飛航組員比客艙組員難考），想當客艙組員的人也因需求量增加而增加，雖然錄取率不高，也絲毫未影響報考的踴躍程度，而且在不少的國家中，客艙組員的職業還是年輕朋友的首選。

　　2015年10月21日《今日新聞》標題為「空姐夢！業者打造空姐帶路旅行團 首爾化身一日空姐」的報導指出，每次航空公司招考空服員，總是吸引大批新鮮人報考，可是光鮮亮麗的背後，需要極高度的抗壓性以及靈活的應變能力，並需要接受非常嚴格的訓練及研習，業者獨家與韓籍德威航空合作推出「空姐帶路・暢遊首爾五日」行程，滿足新鮮人對空服員的好奇，獨家參觀富川大學空訓中心（簡佑庭，2015）。

　　2015年10月22日《台灣新生報》也報導，看準一般民眾對空服員工作的好奇，以及年輕人想成為空服員的夢想，旅天下與德威航空合作推出由退役空姐陪遊帶路的韓國首爾五日行程。旅客可以親自前往富川大學空訓中心，由當地教授面對面授課，不僅量身打造屬於自己的個人形象魅力課程，還安排緊急逃生訓練、機門操作，使旅客化身一日「空服員」（鄭瑋奇，2015）。

　　2015年12月11日中央社電，根據1111人力銀行調查，有94%受訪上班族有意當空服員，較2008年成長19%，上班族有意從事空服員工作的原因以喜歡旅遊、薪資待遇佳及增廣見聞為主。而隨著廉價航空公司大舉進軍台灣，人力需求增加，有84.4%的受訪者坦言因此增加了從事空服員工作的意願。人力銀行表示，隨著旅遊需求不斷地增溫，航線拓展快速，人力需求也水漲船高，估計今年至少就有十家以上航空公司鎖定台灣人才，合計在台招募一千七百多名空服員，釋出名額創新高。

　　航空運輸是高科技產業，是所有運輸行業中速度最快的，航空客運幾乎囊括全球的旅客運送，客艙組員是在不大的密閉空間為旅客服務，是與旅客近距離接觸的面對面服務。不論國際航線或是國內航線，整體而言，搭乘的旅客來自世界各地，連乘客都會大開眼界，客艙組員更可藉由工作的接觸，瞭解形形色色的人，給予自己最好的學習機會。

客艙組員為小朋友解說安全帶的使用方法

長途航線客艙組員通常會提供枕頭和毛毯，讓乘客好好休息

飛機上常常有名人、影視歌星或政要搭乘，客艙組員可以觀察他們的穿著打扮及談吐，學習他們好的部分，以便提升自己。客艙組員依法規規範要穿航空公司設計的制服執勤（有關女性客艙組員的制服請參考第五章第四節），且航空公司對女性客艙組員的制服設計都是別出心裁，聘請世界一流名師操刀，更可顯出非凡穩重的氣質，令人嚮往！喜愛打扮的空服員，會利用完成每一航段工作在國外休息的機會，逛街購物，如購買名牌包包及服飾，也羨煞不少人。

客艙組員的天真

　　其實新上任的女性客艙組員是非常天真的，有不少是在家裡不曾下廚房的閨秀，當了客艙組員以後就要學習機上廚房的餐飲食物調理、微波廚具的使用、酒品的調製、咖啡機的使用以及咖啡的調製等。所以客艙組員在工作中的笑話也是一籮筐，茲舉下列例子，分享讀者一笑。

◎麵包分兩半

　　剛通過訓練開始派飛的空服員，或許是過度緊張的緣故，出第一次任務時，沒有聽清楚事務長的交代——「去把那一袋麵包分兩半」，而有懷疑也不再問清楚，竟把袋中的每一個麵包都分成兩半。

◎餐巾綁脖子

　　我們都知道葡萄酒要先打開瓶蓋醒酒，在倒酒時，為了酒瓶口的乾淨，都教客艙組員將酒布綁在酒瓶瓶口，以避免倒完酒後，酒滴沿酒瓶瓶身流下，有資深的客艙組員快人快語，說成把酒布綁在「脖子」（少說一句「酒的瓶口處」），居然就有天真的客艙組員把酒布綁在自己的脖子上（沒有綁在酒瓶上），一手拿著紅酒一手拿著白酒，到客艙為乘客服務第

二次的酒去了⋯⋯。

◎ 還是會想家──想要回家

　　出國本來是人人都喜歡的一件事，何況是賺錢又不要自己花錢的出國，而且去的是美國，或許是因為從未一個人離家在外過夜，又是第一次飛行，曾有客艙組員於三更半夜完成任務，到了休息的飯店，一進房間（通常是兩人住一間）竟然在其他組員面前哭了，因為她想回家⋯⋯。

◎ 手伸進乘客蓋的毯子裡

　　在長途飛行的夜晚，旅客是蓋著毯子或被子睡覺的，但是有的旅客沒有把安全帶繫在毯子外面，當機長打開繫緊安全帶的指示燈時，有些客艙組員為了確定旅客是否扣好安全帶，會習慣性的把手伸進旅客蓋的毯子裡面去檢查，客艙組員如果是同性的還好，如果是異性就糗大了！

第五節　客艙組員的角色

　　空服員在台灣的民航法規上稱為客艙組員，又稱乘務員，英文稱cabin crew或cabin attendant（已經不用stewardess的稱呼）。客艙組員的機上服務是與客人面對面最沒有距離的工作，也是航空公司的各項工作中與客人相處時間最長的工作。客艙組員與航空公司在機場的運務人員一樣，是航空公司給旅客印象好壞最直接的一群。

　　依照台灣「航空器飛航作業管理規則」第2條第十一項的定義，所謂客艙組員是指：由航空器使用人（俗稱航空公司）或機長指定於飛航時，在航空器內從事與乘客有關安全工作或服務之人員。所以客艙組員必須是：(1)由航空公司派遣；(2)在飛航的飛機上工作。

只是客艙組員的主要工作與飛航安全並沒有如飛航組員那麼「直接」的關係，不需要經過民航單位的考試並領有民航單位的執照而已，其實還是與乘客搭機時的安全與舒適有莫大的關係。所以上述管理規則第190條規範：「航空公司應訂定客艙組員訓練計畫……完成訓練，並經考驗合格後，始得執勤。」

　　所以航空公司對新進的客艙組員都施予至少三個月的密集訓練，並經由航空公司考驗合格，由航空公司發給結業證書後才可以從事機上的工作。

客艙組員為乘客提供餐飲服務

　　但是，航空法規規範航空公司要在航機上配置客艙組員的「最主要目的」不是一般乘客所認知的服務工作，而是從事與乘客有關安全的工作，如提醒或檢查乘客有無扣好安全帶？行動電話是否已經關機？……。所以上述管理規則對客艙組員的定義係指：「在航空器內從事與『乘客有關安全工作』或『服務』之人員」，將乘客有關的安全工作擺在服務之前，是有所輕重之分際的。客艙組員也是扮演在專心駕駛

飛機的飛航組員眼線的角色（事實上，客艙組員隨時要向飛航組員報告）。

因為航機自起飛時起直到降落時為止的飛行途中，有可能遇到不穩定的氣流，有可能遇到乘客生病，有可能會有酒醉滋擾的乘客，甚至不幸遇上劫機或如2001年911的恐怖攻擊事件等情況，這些狀況的第一時間都有賴在客艙工作的客艙組員來發現通報，或及時予以處置（因為駕駛員都要專心駕駛飛機）。

由於航機在航空公司以及各相關單位的努力下，絕大部分是安全的飛行，也是非常平穩的。在航機正常飛行的途中，由於飛機客艙並不寬敞，坐在靠窗戶的乘客，有寬闊的視野，可以遠眺藍天白雲，但要進出座位，就不如坐在靠走道方便，坐在靠走道位子的乘客雖然進出方便，但卻看不到外面。總之，搭飛機的乘客是會感到無聊的，所以航空公司就會提供乘客吃的、喝的、看的、玩的等與飛航安全無關的免費服務，來紓解乘客搭機的無聊感（不過現今已有部分航空公司的國內航線為了節省成本，已縮減其國內航線的免費餐飲服務）。

頭等艙的餐飲服務

嚴格而言，客艙組員是協助機長、飛航組員照顧乘客，讓乘客能安全舒適地到達目的地的工作夥伴。

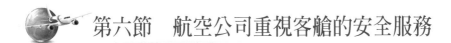

第六節　航空公司重視客艙的安全服務

在客運的交通運輸工具上都派有人員為乘客服務，除了短途定時的汽車客運班車不提供車上的服務外，長途遊覽車大致上會派有遊覽車服務員及提供茶水的服務與導遊員的解說，豪華的遊覽車還會提供電視與音樂，更豪華的遊覽車還提供豪華的乘客座椅，有些遊覽車業者甚至還在車廂上打著「本車採用波音747飛機座椅」的廣告。一輛汽車車上只有一個等級，在同等級汽車上的座椅大小都一樣。

火車上的客運服務就比汽車高級，會以不同的車廂來區分等級，或是在同一車廂內分等級，等級有：一般、商務／頭等、臥鋪等區別。不同等級的車廂會有不同的服務員提供不同的服務，乘客的座椅也有不同，如果含有餐食，也會有不一樣的服務。火車還可以有加掛餐車（車廂）販賣餐飲的服務，在列車上也有流動的商品販賣服務。

輪船公司在客船上的服務就近似航空公司的做法，要對乘客宣導有關安全逃生裝備的使用方法，而且是乘客看得到的逃生裝備。有座艙等級的區分，也有服務員為乘客提供餐飲的服務。客輪有定期班輪與豪華郵輪，定期班輪有如台灣的金門、馬祖、蘭嶼、綠島的小客輪，有如東南亞、日本內海的遊艇，有豪華客輪的大郵輪；其船上的乘客服務內容，也因航線的不同，提供不同的服務（如餐飲）。

至於航空公司在客艙上為乘客提供的服務內容，有別於其他運輸。客艙組員在安全方面的工作多於一般乘客的認知（乘客想到的通常是餐飲的服務），因為是在空中飛航，速度是所有運輸行業中最快的，萬一出事，在空中飄的時間很短，起火可能性極高，著地、落水的後果更是難以想像！所以航空公司要在航機上派遣客艙組員來關心乘客安全（除

了提供餐飲的服務外），如果不得已要緊急撤離逃生，客艙組員就要展現平常訓練的成果，協助乘客逃生，因此航機的安全性是所有運輸業中最高的。

第2章

認識航空器

● 飛行的魅力不減
● 航空器與航空運輸的發展
● 民用航空器之取得、登記與主要結構
● 航空器之種類

　　經營航空公司必須要有航空器／飛機當運輸工具，所以要在航機上工作的客艙組員首先要認識飛機。飛機是「民用航空法」所稱航空器（aircraft）中的一種，是被廣泛用來載運客、貨的航空器。客艙組員既然是在客機上工作的人員，就必須認識航空器。

飛機已成為人們經常搭乘的交通工具

　　按照台灣「民用航空法」第二條第一項的解釋，「航空器」是指任何藉空氣之反作用力，而非藉空氣對地球表面之反作用力，得以飛航於「大氣中」之器物。航空器的定義中已經涵蓋飛機，所以航空器的範圍比飛機廣。

　　依同條第二十四項的解釋，「飛機」是指以動力推動較空氣為重之航空器，其飛航升力之產生主要藉空氣動力反作用於航空器之表面。依同條第二十五項的解釋，「直升機」是指較空氣為重之航空器，其飛航升力之產生主要藉由一個或數個垂直軸動力旋翼所產生之空氣反作用力。

所以民航法規上所稱之航空器有飛機、直升機、超輕型載具等，其範圍雖然比較廣，但飛機是我們對航空器的通稱，也是航空運輸用途最廣的。按用途分，又有「民用」與「軍用」兩種，本書只談民用／商用的飛機。

第一節　飛行的魅力不減

　　飛，從古到今是許多人的夢想。航空運輸，脫離不了飛機。

　　航空運輸的運具就是飛機／航空器，飛機並不是每一個人都買得起、能擁有的，就算買得起，也很難養得起（要有飛航組員、要維修保養、要有機場停機位等）。到航空公司工作就有機會接觸航空器與搭乘航空器的方便。

　　在客機上工作的空勤人員主要有駕駛航空器的飛航組員與在客艙服務乘客的客艙組員，尤其是女性客艙組員穿上航空公司的制服時，不只外人欣賞，連自己都覺得驕傲，從走進機場航站大廈（飛國際航班要辦理出境手續）時起到登機門準備工作時止，或下機等候行李（空勤組員的託運行李都是整組同進同出，優先處理）、走過海關通道（飛國際航線）時，都吸引眾人的目光，好不威風！有些客艙組員甚至連下班回家的路途中，也捨不得換上便裝輕鬆一下。難怪每一家航空公司招考空服員時，報考空服員人數之多，都遠超過預期，如再經過媒體的報導加持，更是轟動，報考的人數一次比一次多，導致相關客艙組員的補習班也有增加的趨勢。

　　台灣自2014年起興起廉價航空公司的風潮，新成立的廉價航空公司可能為了節省客艙組員的訓練時間或者是創造話題，曾招募已經退休的空服媽媽。據2014年4月22日《工商時報》報導，台灣新成立的虎航在招募的客艙組員考生中，就有當媽媽的退休客艙組員也報考，雖然錄取率只有1.16%，但報考的人數之多超乎想像，足見客艙組員的魅力！

機場航站中常會見到穿著制服的空服員行色匆匆

第二節　航空器與航空運輸的發展

　　人類從1903年萊特兄弟駕駛自己發明重於空氣的飛機完成載人的飛行起，飛機就在一些熱愛飛行的夥伴的努力研發下，逐漸地飛更遠，載更多；可以飛過英吉利海峽，也可以%從紐約飛越大西洋到巴黎，到了1939年，又有噴射飛機（裝噴射引擎）的發明。正因航空工業的持續發展，使得航空運輸也跟著突飛猛進，一日千里，而且至今仍不間斷，已有火箭及人造衛星的發明，把人類帶入太空。

　　「行」是人類生活中與食、衣、住一樣重要的基本需求。人類的「腳」是我們的祖先給我們「行」的最原始、也不能沒有的工具（本能）。因為人類懶得走遠路，也實在太聰明了，才想到利用牛、馬、駱

駝等獸類來當運輸工具，又因為人類看到牛、馬、駱駝也是有生命的動物，憐憫加上求快的心理，促使人類去發明火車、汽車以及輪船，更發明了飛機，使得人類才有更遠的「行」。

飛機的發明實現了人類飛的夢想，飛機的日新月異也給人類帶來更頻繁、更緊密的接觸，可以翻山越嶺橫越海洋，成為現代人類生活不可或缺的運輸工具。

從能載人的飛機到今天，也只不過是一百多年的事，而真正發展且大量用在民用航空運輸上，則是第二次世界大戰以後的事。蒸氣火車剛問世的時候，也是沒有人敢搭，要請人免費試乘，都不見得有人賞光，甚至要送紀念品才會有先行者；飛機在剛剛發展到可以載人的時期，也因為沒見過，對飛機的安全不但更沒有信心，甚至視同鬼神。

因為飛機是在天上飛，比陸地上的運輸工具又高又快，如果掉下來，其後果會比其他運輸工具慘重，可以想像，剛發明初期，敢嘗試乘坐的人不多，連要免費請人搭乘都很困難，更不要說付錢買票搭乘。

全球每年有幾十億人次旅客搭乘飛機，飛機已成為生活中
不可或缺的交通工具

台灣因為四面環海，而且台灣海峽的海象差，客船運輸並不盛行，飛機是最快、最省時的選擇，不要說是出國，就算去台灣離島的澎湖、金門和馬祖，也大都是搭乘飛機。

可是因為飛機的快速不是其他運輸工具所能相提並論，在能節省時間的引誘下，終究會有越多不怕的人來嘗試。還好，人類是聰明的，藉由科技的研究發展，飛機的安全性越來越高，人類對飛機也越來越有信心，敢搭的人也就慢慢多了起來。也因為飛機的安全性是所有運輸工具中最高的，到了今天，因為沒有其他交通工具會比飛機快，大家口袋裡的錢也變多了，只要談到出國或是比較長途的旅行，搭飛機成為首選。越多人搭飛機，航空公司就會添購飛機，或由小的飛機換成大的飛機，生意就越來越興隆。證明航空公司與航空器的發展是相輔相成的。

🛩 第三節　民用航空器之取得、登記與主要結構

民用航空運輸是以航空器／飛機為運輸工具，航空運輸業（俗稱航空公司）要有航空器。在航空公司工作，最好也要瞭解航空公司航空器如何取得？要瞭解飛機買了以後，不是馬上就可以使用，而是跟買車子一樣，要辦理登記，更要向民航主管機關取得航空器／飛機適航條件證明的適航證書以後，才可以營運。

一、航空器之取得

航空器的取得方式基本上有買（purchase）與租（lease）兩種，市場上也有所謂租購（lease purchase）方式取得的。購買新機的下單（place order）方式也有兩種，一是訂購（firm order），是一定要買

的：一是選購（option order），是將來可能買的（但也有決定買不買的期限）。航空器會有選購的原因，主要是價格昂貴，很少有現貨待售，所以買新的航空器不論是新型或舊型，都事先要有訂單並且支付了訂金後，航空器製造商才會進行安排製造與組裝。航空器組裝要場地及設備，而場地並非無限大，也要有時間帶（time slot）的分配。

> **時間帶（time slot）**
>
> 航空器製造廠的時間帶與機場的時間帶管制性質略有不同，為航空器製造廠為組裝航空器所需，而予以預留之場地。在航空器生意興隆時期，於確定購買時，製造廠商所能給予的組裝場地時間帶，往往要在兩、三年之後。

　　由於航空器價格昂貴，在航空器租賃業開放以後，會有航空公司用租的，以減輕資金壓力。但若是用買的，航空公司也可以將航空器向銀行抵押貸款，或者將航空器賣給銀行再向銀行租飛機營運（因為銀行不是航空公司不要飛機，而航空公司需要飛機），此種操作方式，業界稱為「售後租回」。所以航空器用買的也可以變為用租的，用租的也可以變為用買的。

二、航空器要有國籍及所有權登記

　　航空器要有身分，其身分在法律上與船隻一樣，是可以動的不動產，也就是法律上將可以動的民用航空器不動產化。不動產是要登記才可以對抗第三人。因此，每一架航空器一出廠就如同孩子出生要去戶政事務所辦理身分登記一樣，要辦理國籍登記（如航空器機身上的B-12345），如此，才能讓每一架航空器有了身分。

　　台灣「民用航空法」第8條規定，「航空器應由所有人或使用人向民航局申請中華民國國籍登記，經審查合格後發給登記證書。已登記之航空器，非經核准註銷其登記，不得另在他國登記。曾在他國登記之航空器，非經撤銷其登記，不得在中華民國申請登記。」所以航空器不允

許有雙重國籍,與「人」不同,人在有些國家還被允許擁有雙重國籍。

依據「民用航空法」第12條規範,航空器登記後,應將國籍標誌及登記號碼標明於航空器上顯著之處。台灣與大陸的民用航空器由於國際民航組織(ICAO)在兩岸分治以前就給予中國的代碼為「B」,所以兩岸民用航空器的國籍登記標誌都是B+阿拉伯數字,只是在台灣登記的航空器「B」後面的民用航空器的阿拉伯數字要比大陸的民用航空器多一個字,以為區別。如果是所租的航空器為外國人所有,其航空器的國籍標誌則是用所有國的代碼(如美國為N)。

三、航空器必須合於適航標準

航空器只有取得身分還不夠,還必須是「健康」的,也就是要合於適航標準,才可以飛航。所以飛機取得國籍登記證書後,飛機的所有人或使用人要向有關機關申請航空器/飛機的適航檢定,經檢定合格領到適航證書後,航空器才可以使用。

> **航空器適航(airworthiness)**
>
> 是指一架航空器的各項條件都有達到民航法規的要求,可以從事旅客及貨物輸運的狀況。執行每一航次飛航的航空器都要具備適航的條件。航空公司為其航空器符合此條件,均依「航空器飛航作業管理規則」第109條規範,報請民航主管機關核備其航空器的最低裝備需求手冊,並據以執行。

四、航空器的主要結構

航空器的主要結構部分有機身,是航空器的中堅;駕駛艙、客艙、行李艙、貨艙、方向舵等都裝在機身,還有起落架和動力裝置(發動機)也裝在其上。機翼是在機身的兩側,為航空器提供起飛、空中飛行和降落之用,尾翼是提供飛機平衡與方向用。空服員要重視的是客機客艙內的設備。

茲以航空器外觀介紹主要部分的名稱如下:機身、機翼、機尾、發動機、起落架。

機身

機翼

機尾

25

裝在機翼上的發動機

位於機腹下方的起落架

　　商用航空器有100座位以下的單走道小型機,如Islander、Dornier、Cessna、Dash、BAe 146、ATR等,生產大型航空器的製造廠商,有在美國的波音公司(The Boeing Company),以及在歐洲的空中巴士公司(Airbus S.A.S.)。這兩家公司目前都是生產噴射機,有單走道的(稱窄體機),也有雙走道的(稱廣體機)。空勤人員至少要先知道自己公司所使用的飛機(蘇宏義,2015)。

第四節　航空器之種類

　　航空器與輪船一樣都有主甲板（main deck），主甲板上層的空間稱為上艙（upper deck），客機的上艙是載客人的，甲板以下的空間稱為腹艙（bally），客機的腹艙是裝行李及貨物的，貨機的上艙也可以配置12人以下的座位，這些座位通常是用來給自己航空公司人員出差或是作為公關用途，沒有配置空服人員服務。

　　航空器按結構分有直升機與固定翼兩種，載客的航空器以使用固定翼為大宗，直升機則以短程的觀光風景區為主要業務。依用途分類如下：

一、客機

　　客機（passenger aircraft）顧名思義是載運旅客的航空器，但也會搭載行李以外的少量貨物（按飛機的大小及行李的多少載運，一般都低於15噸），大部分是飛航定期航班。

客機以載人為主，機腹則載有乘客之行李與貨物

二、貨機

　　貨機（cargo aircraft/freighter）顧名思義是載運貨物的航空器，但也可以搭載12人以下的客人。貨機也排有定期航線，但準時率不如客機，延遲十個小時不算什麼。因為貨機是停在機場的貨運區／站，沒有乘客的通關單位及設施（通關在客運航廈），乘客及飛航組員（fly crew）的通關要在客運大廈辦理，要有機場管制區的車輛接送。

三、客貨混合機

　　客貨混合機（combi aircraft）幾乎是載運一半客人一半貨物的飛機，最常見的機種為波音747型飛機，如以此飛機的400型來說，大約是載客300人載貨40噸，主甲板的後三分之一艙間也是載貨。由於客貨兩用機是按照客機航班的性質作業，對航班準點率的要求與客機航班一樣，所以是具有時效性貨物的貨主最喜愛的航機，在90年代非常盛行，

全貨機
圖片來源：長榮航空提供

客貨混用機

圖片來源：長榮航空提供

荷蘭航空、大韓航空、長榮航空均曾經大量擁有，而且獲利可觀。雖曾經有過汗馬功勞，但已經逐漸消失了。

　　載客量大的固定翼飛機以美國波音公司生產7X7系列各型，以及歐洲空中巴士生產的3X0系列各型為主要的航空器／飛機製造廠商。到2015年為止，以波音的777-300ER型以及空中巴士的A380型最受航空公司飛航長程航線的喜愛。

波音777客機

　　到2015年為止，台灣航空公司所使用的客機有下列幾種：

　　大型廣體的飛機有華航的波音747-400型、波音737-800型、波音777-300ER型、空中巴士330及340型；長榮的波音747-400型、777-300ER、空中巴士330型、麥道MD-11型；復興的A330。小型窄體的飛機有長榮／立榮的麥道MD-90（於2016年6月會全部汰換）、空中巴士A320型；復興的A320；華信的ERJ；遠東的麥道MD80/81；立榮的ATR600及復興的ATR500/600。

　　不同的飛機就會有性能上的差異，客艙組員更要瞭解的是各種不同的機型，其客艙的設備會有不同，如逃生、氧氣設備的位置以及使用方法也會有所不同，航空公司也會施予訓練。

　　2015年7月20日清晨阿聯酋航空公司的A380型客機首度降落台灣桃園國際機場，也是該機場處理的第一架A380型客機。

空中巴士A380型客機

第3章

認識客機的客艙設備

- 客艙的定義與內涵
- 客艙的緊急逃生設備
- 客艙的其他安全設備
- 客艙的座椅及其附屬設備
- 客艙的服務設施及物品

第一節　客艙的定義與內涵

　　運輸載具是先有輪船後有航空器，所以中文客艙的「艙」字有「舟」邊。客艙是提供乘客乘座使用的空間，無論是在船上或客機上都稱之為客艙，在客機客艙內服務的人員在民航法規上稱之為客艙組員，通稱為空服員，有女性也有男性。

　　航機上的客艙是密閉的空間，客艙內無論空氣、溫度、濕度、艙壓都是經由人工調節的，正因如此，航機自後推起至降落停機時止，機艙門是緊閉的，只有在上下乘客時才打開，所以航空公司特別注意遇到緊急狀況時要打開機艙門的逃生程序，過程中只有仰賴客艙組員。

　　從下面的客艙圖說，我們瞭解一般客機的客艙內有乘客座椅、客艙組員座椅、廚房、洗手間、衣帽間、置物間、天花板、天花板上面供乘客放置隨身手提物品的行李廂、燈光、窗戶、地板、隔離窗簾、廣播通訊設備、電視、救生衣、氧氣面罩、緊急逃生方向指示燈等。

長榮航空波音777-300ER客機經濟艙

圖片來源：長榮航空提供

依據「航空器飛航作業管理規則」第102條規範,「航空器內部裝潢,如天花板、壁飾、幃幕、窗簾、地毯及坐墊、椅套、棚架等,其防火及耐火功能應經民航局委託之機關、團體檢定合格……。」

左頁圖是長榮航空波音777-300ER客機經濟艙Y(economy class)的客艙艙間,可以清楚看到上述客艙設備的大部分。其乘客座椅(左、中、右排各三人一排)的前後座椅椅距(pitch)的舒適度比一般經濟艙舒服。

有關客艙的設備請看長榮班機時刻表(time table)內A321-200型客機的座艙配置圖如右圖。從圖面可以先瞭解客艙除了乘客座椅的配置會有不同外(航空公司選擇配置的乘客座椅必須由座椅廠商先取得航空器製造商的排序名單,並通過民航主管機關的審核,以確保安全),其餘有關緊急逃生的設計原則,大致相同。因此瞭解窄體機的客艙配備,對其餘機型的學習,就可以舉一反三。

此架客機總共配置184個乘客座位,其中有8個商務艙座位,4處備有兒童換衣檯面化妝室(其中有

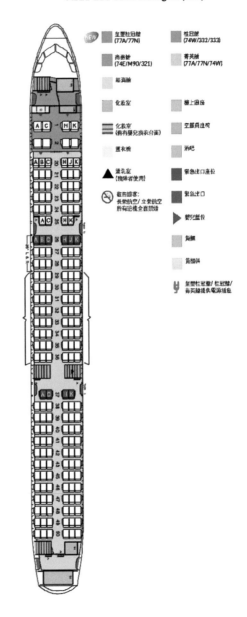

A321-200型客機的座艙配置圖

圖片來源:長榮航空提供

一處是殘障者使用），有衣帽間、客艙組員座椅、廚房、緊急出口及緊急出口座位。

從座位配置圖可以看出客艙的基本配置，不論客機的大小，基本的配備大同小異，各項功能齊全，客機該有的都有。

私人飛機（corperate jet）的客艙內裝

波音777-300型Y艙圖

第二節　客艙的緊急逃生設備

　　由於航機速度很快，又是在天上飛，乘坐在客艙內的乘客（包括機組員）萬一真的要撤離逃生，由於所有機艙門都是封閉的，連緊急逃生的艙門，也非一般運輸工具可以由乘客敲破玻璃就可以打開，其困難度比其他運輸工具要難上好幾倍，所以無論是民航主管機關或是航空公司都非常重視航空器的緊急逃生設備與逃生訓練與演練。

　　有些緊急逃生艙門，平時不開，只做緊急逃生用；有些緊急逃生門平時兼做乘客登機下機用。在緊急逃生門的附近通常會有氧氣筒、滅火器、客艙組員通話廣播系統、客艙組員座椅、乘客緊急出口座位與乘客須知卡、雜誌袋等設施物品。

飛機上的緊急逃生出口開啟標示

35

客艙的緊急出口，也是乘客登機門，門
的右邊是客艙組員雙人座椅

圖片來源：長榮航空提供

　　客艙的緊急逃生設備有：登機門、逃生門、救生衣、逃生路線顯示
燈、逃生指示、緊急逃生滑梯等。

第三節　客艙的其他安全設備

　　客艙的其他安全設備有：安全帶、氧氣面罩、禁止及警示燈、防火
設施、滅火／消防系統設備等。所有客艙設施的材料，如地毯、窗簾／
隔離布簾、頭套、枕頭等，都是防火或耐火材質。

一、救生衣

　　救生衣是在水上緊急逃生用的，是每家航空公司在航機起飛前都要向乘客說明如何穿戴、如何使用及放置位置的逃生裝備。為了每一位乘客於緊急逃生時可以馬上取用，救生衣都會放置在乘客座位底下或用手可以拿到的座椅旁邊。

　　有關逃生的示範，航空公司為了吸引乘客的目光注意觀看，目前都改為播放科幻視覺的影片，但也有由客艙組員現場做緊急逃生的示範。其中比較複雜的逃生裝備就是救生衣的穿法與充氣的時機，為了讓乘客多瞭解，客艙組員會花比較長的時間來解說，但如此好像造成乘客的誤解，認為緊急逃生一定要穿救生衣，而且認為穿上救生衣就要馬上充氣，也真難為了航空公司與客艙組員。

客艙組員示範救生衣的穿法

二、氧氣面罩

　　氧氣面罩是固定裝置在乘客座位的上方，是在機艙失壓時使用，而且是會自動掉到乘客面前，所以乘客沒有必要特意搜尋，其使用方式簡單。氧氣面罩與活動式的氧氣筒不同，航機要備置的活動式氧氣筒的數量，依航機乘客座位數的多寡而有不同，民航法規的最低需求規範如本書第十三章第一節。

客艙組員示範氧氣面罩的戴法

第四節　客艙的座椅及其附屬設備

　　客機的乘客座椅有專門設計製作的廠商，由於客艙座椅攸關飛航安全與乘客逃生，在研發時要向民航機關申請認證，也要向航空器製造商申請註冊（on list），所生產出來的座椅，要取得航空主管機關的審查檢定合格認證（如波音公司製造的航空器要取得FAA的認證一樣），才可以賣給航空公司安裝於航空器上使用。航空公司客機艙等的提升與乘客搭乘舒適感，均與客艙座椅有極密切的關係，就如2015年10月間媒體報導有關長榮航空能與新加坡航空等並列前茅，與該公司自1992年推出，迄今還能廣受消費大眾喜愛的長榮客艙（座椅）有關。該公司在其波音777-300ER型機上所推出的皇璽桂冠艙，能獲得好評，也與座椅有莫大的關係。

　　現代化的飛機客艙座椅，是具有多項裝備的一張椅子，餐桌是隱藏在座椅的扶手內，使用時掀開蓋板即可抽取擺平在乘客面前，也有裝在前座的椅背上，個人電視也因艙等的不同，有裝在座椅的扶手，有裝在前座的椅背上不等。所以客機上的乘客座椅已經不是一張單純的椅子，而是多功能的裝備。不過，功能越多越複雜，損壞率也越高，客艙組員要有心理準備，遇到損壞，要有因應措施，如更換座位（除非客滿）等。

客艙座椅、餐桌及視聽操控板

所有在航機上的人與物都要固定，以防航機在移動、飛航時的滑動。所以乘坐航機不能有站位，必須裝置座椅，包括機組人員（飛航組員與客艙組員）都要坐著並繫妥安全帶。

隱藏在座椅扶手中的餐桌架，使用時再抽出來打開架好

圖片來源：長榮航空提供

單走道窄體客機客艙乘客座椅

另一種經濟艙的客艙座位安排

乘客座椅上有安全帶及枕頭

　　下圖為長榮客艙座椅，座椅上有枕頭、閱讀燈、耳機、個人電視、餐桌等設備。

長榮航空777-300ER經濟艙座椅
圖片來源：長榮航空提供

乘客座椅上有安全帶，座位底下則有救生衣
圖片來源：長榮航空提供

客艙組員座椅

圖片來源：長榮航空提供

　　上圖的座椅是單客艙組員的座椅，第一張為了拍照，必須有人壓著，但其實只要沒有人坐，椅子便會自動彈回，如第二張圖所示。安全帶同時要繫肩帶與腰帶，座椅左上方有通話系統。也有雙客艙組員座椅，功能同單人。

　　乘客座椅與客艙組員座椅兩者最大的差異在於乘客座椅可以調整舒適度，而客艙組員的座椅無此功能。

 第五節　客艙的服務設施及物品

　　客艙的乘客服務設施及物品包括：洗手間、行李廂、衣帽間、廚房、播音系統、燈光開關與服務鈴、醫藥箱、空調、枕頭、毛毯、耳機、娛樂視聽等。

一、洗手間

洗手間（toilet）清潔維護的重要程度不亞於廚房，更甚於視聽娛樂系統，尤其是長途的航班。根據觀察得知，旅客餐後使用洗手間的比率極高，而在經濟艙區，其洗手間配置的數量與旅客座位數量的比例少於高艙等區，所以在餐後的經濟艙區，在洗手間門口排隊等候的景象屢見不鮮。

二、行李廂

航機上可以放置乘客手提行李的空間都是設計在乘客座位的上方，平均高度是一般乘客站起來伸手可以取放行李的高度，以方便乘客自行放置。但是航機上的行李廂設計，也隨著機型和機體的改變而越來越人性化，如波音777型客機的行李廂設計即是一種突破，乘客可以抬頭挺胸進出座位，不必彎腰入座。但也只能在新設計的廣體航空器上做改變，對於小型單走道的航空器是無法辦到的，甚至行李廂的空間很小，只能容納007公事包。

行李廂的空間設計在乘客座位的上方

　　部分航空公司航機的客艙上，客艙組員會在行李廂的前後兩端放置枕頭和毛毯，也有航空公司會將航機用的磁碟設備裝置在前排的行李廂內，此舉會減少乘客放置行李的空間，造成該排座位乘客的不便。

三、衣帽間

　　衣帽間是提供吊掛乘客衣物（如大衣、西裝上衣）的密閉空間，其位置在組員的儲物間或是洗手間的旁邊，夏天時乘客穿戴衣物少，足夠使用，冬季時有大衣、風衣等大尺寸衣物，就常有空間使用不足的情況發生，甚至連客艙組員的置物間也要騰出供乘客使用。空間的利用上對客艙組員而言是一項考驗。

　　衣帽間是客艙組員服務乘客存取衣帽使用的空間，於乘客上機時及要下機前客艙組員使用頻繁，存放雖然簡單，但要考慮取回時的辨別。許多航空公司使用乘客的登機證來識別，可是乘客的衣帽樣式很多，放登機證的地方不一，要取交給乘客時因為要找登機證以辨別衣帽的主人，如果不是放在衣物外面口袋就會比較費事，因此，有航空公司使用掛牌，於乘客交付時寫上乘客座位並附於衣架上，方便尋找；有航空公司會先將掛衣架放在座位前的雜誌袋內；有航空公司乾脆在乘客座椅旁邊裝上掛衣鉤，方便乘客自己使用，也減少客艙組員的工作負荷及衣帽間的不足等，方法不一而足。

　　至於存放在衣帽間的衣物何時交給乘客比較恰當？在航機準備下降前交還，乘客要放在自己座位的時間較長，且要考慮航機下降時的搖晃顛簸，甚至於重飛，因此航機著陸後才交給乘客應該是最恰當的時機，惟客艙組員能利用的時間相對縮短，這些都是值得航空公司研究的課題。

四、廚房

　　客機上的廚房（galley）是為乘客提供餐食與飲料的場所，雖然不是重地，但也不是給乘客參觀的地方，除了在航機的起飛及下降的時間外，為了隱密，其與客艙之間大都用布帘隔開，所以乘客會發現客艙組員每一次進出廚房都要拉開布帘後馬上關布帘。此窗帘在航機要準備起飛與降落時要束起來，好讓客艙組員可以看到乘客，也不會阻礙逃生時的撤離。

　　航機上廚房裝置的位置，大部分是設在航機的頭尾兩端，大型客機則另設有中段的廚房，用來縮短送餐與收餐具的距離。

　　機上的餐食是由地面的空廚業（配餐公司，是民航事業的特許事業之一）先做好、冷藏，用冷藏車送到機場，靠到航機的送餐艙門口（與乘客的登機口不同一邊，在航機的右邊），與在航機上負責的客艙組員（依任務分配的負責組員）辦理點交事宜。

飛機上的廚房

　　航機上的餐食比較費工的要屬「主食」。而主食就要加熱，熱餐是一門功夫，有人懷疑當今的年輕姑娘在家可能都不曾下廚房，當上客艙組員後不但要送餐點和飲料，還要到狹窄的廚房工作，必須要有很大的耐心與服務的熱忱，否則不會喜歡廚房的工作（曾經有客艙組員在客滿航班的航機廚房地板上備準備餐點的情形），所以航空公司不會派遣新上任的客艙組員負責廚房的工作。

　　從下圖中可以看到下層綠色的是供裝餐盤的餐車，餐車上緣的紅色部分是防止餐車滑動的鎖，餐車上的白色字條是配餐公司記載此餐車所屬的航班，右上的部分是熱餐與熱咖啡、茶的設備，左邊是工作檯。

　　廚房因為熱餐需要，有很多電器設備（如微波爐、烤箱等）。微波爐及煮咖啡、茶水的地方比較容易有水漬，稱之為濕廚房（wet galley），另一個地方處理乾的食物，稱之為乾廚房（dry galley），所以有乾廚房與濕廚房之分。

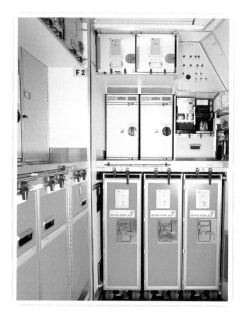

廚房設備
圖片來源：長榮航空提供

廚房設備中比較難處理的要屬微波爐的使用，微波後的綠色青菜很難保持原有的綠色，遇到經驗差的空服員，甚至會烤焦，所以機上的微波設備與客艙組員的操作技術就很重要。新式的蒸氣微波爐微波出來的食物就像使用蒸籠一樣，還帶有水氣，保持原有的口感，是熱餐的主要器具，客艙組員應多學習操作。廚房設備的使用與維護，也因機種的不同而有差異，細節部分，各航空公司均對客艙組員施予訓練。

　　客艙組員也有生理需要，在長程飛行中，肚子會餓，口也會乾；喝水，在廚房就可以解決，用餐則需要比較長的時間，又不方便當著乘客面前吃，一般都採取在廚房輪流吃。

　　廚房會有餐車，餐車裝置滑輪以方便推動。曾經有客艙組員在準備餐飲時，忘記將滑輪上鎖，剛好服務鈴響起，急忙中又未將餐車交代鄰近組員，自己就先到客艙去回應，導致餐車緩緩滑至客艙，幸未造成傷害。類此案件已違反「航空器飛航作業管理規則」第53條，「航空器使用人應確保客艙內服務用車不得於無組員照料之情況下留置於通道；於使用中未移動時，亦應固定。客艙組員於起飛及降落階段應確認客艙內服務用車及裝備已經固定於適當儲放空間。」而且，航空公司已將此規範之作業程序訂定於客艙組員手冊。

五、燈光開關與服務鈴

　　機上供乘客閱讀使用的閱讀燈有裝設在座位上方天花板的，乘客可從座位扶手的開關操作，也有開關沒有裝設在座椅扶手上，而是裝設在閱讀燈的旁邊，要由乘客舉高手操控或站起來操作（一般為窄體航機居多），也有只供乘客一人專用的閱讀燈，可以避免干擾鄰座乘客休息或睡覺，是裝設在高級艙等的座椅。機上用的燈具，也逐漸流行用LED燈。

　　服務鈴（見下頁圖）是裝在乘客座位的上方，是由乘客伸手去按，旁邊為閱讀燈，英文的D、E、F是乘客座位號碼，在左上方為空調調節鈕。

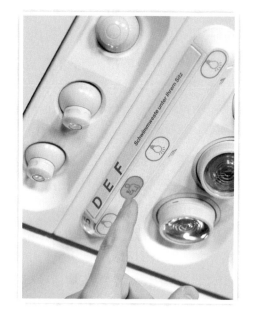

閱讀燈與服務鈴

六、其他物品

　　乘客座椅的頭套、枕頭、毯子、拖鞋、餐桌、耳機等，有些用過就丟，有些要送洗或擦拭。

　　此外，客艙組員也要知道自己上班的公司有多少架飛機？是何種機型？飛什麼航線？航空公司會有不同的機種與機型，不同的機種與機型就會有不同的客艙設備裝置及位置，機型不同，操作也會不同。客艙組員可以不用一口氣記住公司所有機種的客艙內各項設施，但先要記住並熟練一架客機上的客艙設施及其使用方法，就可以舉一反三，並不困難。凡此種種，對新進的客艙組員並非容易，但為工作需要，不記不行！

第4章

客艙組員的招募與錄用

- 客艙組員的招募
- 客艙組員的錄用
- 客艙組員要依法訓練並考驗合格
- 客艙組員的組織

第一節　客艙組員的招募

由於客艙組員的養成訓練比飛航組員的培養容易，要花的費用與時間也相對少很多。招募的對象大都是學校剛畢業或即將畢業的社會新鮮人，所以大規模招考的期間大部分會選在6、7月或春季，且航空公司客艙組員的工作是許多年輕朋友的夢想（特別是在亞洲），航空公司每一次在台灣招考的報考人數遠超過錄取人數（僅約10%被錄取）。而且客艙組員的陪考人數比飛航組員多。

此外，為了儲備未來所需人才，有不少航空公司會深入校園，也會有校園徵才廣告，甚至與學校建教合作。當然航空公司也要感謝有關客艙組員的補習班，先為有志空中服務工作者做應考前的準備。

客艙組員的工作是許多年輕朋友的夢想

一、先寫一手好字才有機會參加考試

　　航空公司每一次的空服員招生，主辦單位都要忙一陣子，要公告招考簡章，截止報名後，要先審閱考生的報考資料（履歷表）來挑選可以參加考試（筆試和面試）的考生。據聞，靜態資料的履歷表，不可以用打字，一定要「手寫」，以便藉由考生所書寫的字（美醜與工整），來瞭解考生的性格。在數位發達的今日，奉勸年輕朋友多多寫字，把寫字當作是一種藝術／美工，練好一手寫字功夫，對求職或多或少會有幫助，因為航空公司的試務人員（熱門行業也是），常常因報考人數眾多，先就靜態資料中訂了一個比率，來挑選出可以參加考試的人員，對字體潦草或是寫得歪七扭八的資料，試務人員會快速略過，甚至連看都不看一下，可能就會有遺珠之憾，失去參加考試的機會，考生不可不知。其他資料，如自傳的內容，最好能吸引航空公司審閱人員的目光，先求能參加筆試／面試為第一要務。

二、有幸參加考試就有錄取機會

(一)考英語少不了

　　航空器（含發動機）是高科技的產物，由於早期都產自美國與歐洲，不產在華語區，所以飛機製造廠提供給購機者的規格資料與各項訓練教材，以及有關飛機的各項設備的使用說明，都以英語為主，連航空器製造商對於購機者派來監造或接收機人員（種子飛航組員、機務維修人員）的溝通與訓練都用英語，航空公司也因飛航組員、維修人員、客艙組員等可能來自各國，對於各國航空人員的訓練教材也都以英語為主，所以英語是必考的科目。聽聞因為飛機製造商訓練航空公司飛航、維修人員的種子人員都用英語上課，曾經有極少數非英語系的航空公司

擔心所派的種子人員與專業人員無法用英語清楚表達，於是加派隨堂翻譯人員，而此翻譯人員不懂專業，翻譯出來的意思與實際內容偶爾會有落差，學員發問問題時要透過翻譯員，教師講的內容也要經過翻譯員翻譯，非常費時，正常一堂一小時的課程，要花費兩個小時。

再者，航空運輸不同於其他運輸行業，雖有國內與國際航線之分，但國內航線不是只有搭載國內的乘客，也會有外國客人，整體而言，航空公司的外國乘客要比其他運輸業多。所以航空公司對員工的英語程度要求也比其他運輸業高。一般而言，航空公司的新人招募，對於英語檢定測驗成績都會有最低要求標準，學歷、視力、體格標準等基本條件也都會在招募時公告。

通常航空公司無論是招考本國籍或是因飛航航線的需要招募外國籍（如台灣的航空公司會招越南籍、泰國籍、日本籍；外國航空公司如新加坡、中東的阿聯酋航空公司也會來台灣招募台籍空服員），對於英語大都要求英語的多益成績至少要在500分以上。

英語溝通能力是客艙組員的基本要求

(二)學歷要求不高，身體要健康

對於空服員的學歷要求，航空公司大都訂在大專畢業（當今台灣已經沒有專科學校，外國還有），也有只要求高中、高職畢業的學歷，再於錄取後予以加強訓練的航空公司。至於對視力的要求，因有感於在現在的環境長大的年輕人很難達到以前裸視視力1.0的要求，已經放寬至矯正後0.8即可以報考；對於空服員的身高，由於考慮機艙內行李廂的高度，大都以160公分以上為標準。年齡以應屆畢業生為主。詳細條件建議讀者隨時上網查詢，不過大部分航空公司招考的時機都選在鳳凰花開時的畢業季節，提供讀者參考。

此外值得一提的是，台灣在還未有「兩性平等法」之前，航空公司為了本身的政策需要，可以在招考簡章上有限男性或限女性的限制，如今已有「兩性平等法」，航空公司不會也不可以在招考簡章上有性別的限制，但必須提醒參考，以免浪費時間。

三、筆試會有，但無從準備起

航空公司招考新人的筆試，考題說難不難，說簡單也不簡單。因為考筆試的用意在於瞭解考生的性向與智商，也因為招考的對象是不需要有經驗的社會新鮮人，所以筆試不會出航空專業的考題，但考生也很難猜測試題的具體內容，根本無從準備起。所以我們建議有志成為空服員的年輕朋友，只要平常對英語多下功夫，絕對萬無一失，因為會有英文筆試或口試。

四、面試一定要，沒有「考古題」

從考生報考的靜態資料中很難看出考生的性向、長相、談吐和舉止，因此面試是必須的一關，目的在於經由多位面試人員的問話來認識

每次航空公司招考空服員，都吸引許多年輕人來報考

圖片來源：大紀元／徐乃義

報考者。有航空公司在面試的場地，從報到開始，就注意考生的一舉一動。也有航空公司會在面試場地故意安排讓考生感覺不出來的走路「橋段」，亦即在考場的考生等候區與面試場地的之間，會故意安排一段讓考生走路的距離，來觀察考生的走路姿勢。

還有部分航空公司連考生進出面試場地的「開門」、「關門」以及「就座」的動作都很注意。每一場次的面試人數不會多，通常是個位數。對社會新鮮人的問話，也不會提問有關航空專業的問題。至於發問的問題，有航空公司為了面試人員的方便，主辦單位會提供提問考生的題庫，如果考生有上過空服員的補習班，如果補習班有教所謂的題庫資料，建議讀者當作是參加航空公司面試的一種練習就好，千萬不要死背題庫資料，更不能拘泥於所學「考古題」的應對。因為有些航空公司的面試人員事先也都沒有準備，所問的問題都不在題庫內，而是臨時起意，以致對每一組問的問題都不會相同。

曾有某航空公司的面試人員，看見考生雖然每一位都是緊緊張張地進場，但是各個都還能面帶笑容就座的情景時，就問了有關「笑」的問題，一方面瞭解考生的機智，另一方面用來緩和考生的緊張情緒。所問的問題四面八方，與出自航空公司的題庫截然不同。

面試，主要在檢驗考生的臨場反應。所以所謂的「考古題」，其功效在穩定考生應考時的緊張情緒，最好只用來參考就好，並不是萬靈丹。如果死記所謂的考題而不能活用，應試的當下更會緊張過度，造成腦袋眞空，影響對答時的思緒，也會不利於考試的總成績。

五、會以貌取人？！適當的打扮有必要

適當的妝扮是一種禮貌，是對人的一種尊重，也是一種藝術，尤其是女性有愛美的天性，敏感的女性不化妝不敢出門見人，而且聽說年紀越大越是如此，甚至濃妝艷抹。對年紀輕輕的姑娘，不用說會在臉上塗塗抹抹，近年來流行的戴假睫毛、擦五花十色的指甲油，十隻指甲十種顏色，也有一隻指甲不只一種顏色的；對父母賦予的五官如果不滿意，甚至還會進行「補救」，難怪當今的醫美診所生意興隆。俗話雖說「人不可貌相，海水不可斗量」，但這是勸世俗話，從古至今，以貌取人的案例爲數不少。

有關客艙組員的考生，在參加筆試或面試時（特別是面試），各個都是打扮得花枝招展。尤其有上過客艙組員補習班的考生，幾乎每一位的化妝以及坐姿都千篇一律，非常整齊。對照不曾去過補習班的考生，的確有所不同。但航空公司會否因考生的打扮而影響評分，答案就不一定，基本上，裝扮以得體爲宜（考取後航空公司有美姿美儀的訓練課程），靈敏的反應及保持適當的笑容應該比較穩當，才是致勝的關鍵。

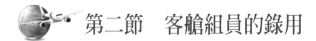 第二節　客艙組員的錄用

　　航空公司招募客艙組員經過報名、靜態資料篩選及考試以後就是錄取。一般而言，客艙組員的工作在台灣還是年輕朋友嚮往的職業，所以報考的人非常踴躍，錄取率大約在10%左右。航空公司會通知被錄取的考生報到，並繳驗學歷證件、健康證明。仔細的航空公司還要求再一次身體健康檢查，如帶有傳染性疾病者，可能會有不錄取的情形。

　　經錄取的客艙組員，航空公司就要辦理爲期約三個月的集中訓練，訓練的課程均與航空運輸相關，對客機緊急逃生的課程尤其加重。訓練成績差的也會被淘汰，淘汰率約爲5%左右，未被淘汰者會由航空公司發給考驗及格證書與飛行標章後，即正式錄用，並派遣上機實習，開始工作。

　　目前航空公司對於新進客艙組員的僱用，有採取「不永久僱用」的契約制（三至五年不等），也有採契約制，但於第一次契約期滿後，就由客艙組員自己決定「接受永久僱用」或「契約期滿離職」，民航主管機關並未明文規範。

錄取後的客艙組員要經過一定時間的訓練，並經考驗合格後，才能開始正式工作

至於契約期間的長短，則視各航空公司對客艙組員養成時所投入的成本而訂，投入越多，合約的期間越長。期約未滿而離職者，契約都有罰則（依據契約尚未服務的日數計算賠款）。離職者有非自願與自願兩種，離職率約在7～10%。自願離職者應按照合約條款約定賠償航空公司，非自願離職者，航空公司會視情況，決定是否賠償？

第三節　客艙組員要依法訓練並考驗合格

　　依據「民用航空法」第五章（第38條至第47-5條）皆為要求航空公司保障飛航安全的法條規範，其第41-1條規範航空器所有人或使用人應負航空器飛航安全之責。

　　依據「航空器飛航作業管理規則」第190條的規範，「航空器使用人應訂定客艙組員訓練計畫，報請民航局核准後，據以實施。客艙組員經完成訓練，並經考驗合格後，始得執勤。」同法第189條也規範，「航空器使用人應訂定客艙組員手冊並據以實施。」

　　航空公司所訂定並經民航局核准的客艙組員訓練計畫，要確使客艙組員熟練發生緊急情況或需要緊急撤離時之職責及工作，包括如救生背心、救生艇、緊急出口及滑梯、便攜式滅火器、氧氣裝備、急救箱、醫療箱及衛生防護箱之使用方法。該規則第190條第二項之所以規範航空公司應執行客艙組員定期複訓，並規範客艙組員之定期複訓應每二十四個月內執行兩次，所以航空公司在客艙組員的訓練上，有新進人員的訓練以及在職的複訓。同條第三項也規範有關危險品的複訓。該規則之所以並規範客艙組員定期複訓應每二十四個月內執行兩次，真正用意也在於訓練客艙組員熟悉緊急逃生裝備之使用。

　　各航空公司的客艙組員手冊，攸關航機及乘客的安全，都是落實民航法規規範的保證／寶典。

　　雖然機長依法是於飛航時指揮並負責航空器作業及安全責任之駕駛

員，航機飛航的一切作為，最後的決定還是聽命於機長，可是乘客自上機到下機，客艙組員是最直接與旅客面對面的機上服務人員，客艙服務工作的順利與否，工作表現的好壞，全都要依賴在該航班上工作的客艙組員，如有旅客抱怨案件，也都是事情發生以後的事，航空公司雖不會縱容放任，但已緩不濟急。所以客艙組員的訓練非常重要，責任感更重要。

以上是民航法規要求要有的訓練，都與安全相關。航空公司皆依據法規規範制定客艙組員手冊為主軸，再制定適合本身使用的詳細教材，施予訓練（本書所述各章節皆僅就與客艙組員工作有關的事項做原則性的介紹）。

客艙組員剛錄取之初，每個人都還有些「稚氣」，經過了航空公司集中密集的魔鬼訓練後，各個變得成熟有「志氣」。

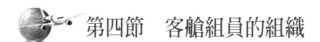

第四節　客艙組員的組織

任何企業的業務都要有人去推動，人的執行力，就要靠組織的運作，航空企業不論大小，只是業務量上的差別而已，五臟也都要俱全。

客艙組員的人數雖然是航空公司總人數的最高者，但是出勤的任務是分散在每一航班的編組上（人數在20人以下居多，依航空器載客座位數而派遣），法規只有規範最低的派遣人數，以確保飛航安全及執行緊急撤離的功能。在執行勤務的航班上，最直接的主管是事務長（又稱乘務長、座艙長、客艙經理等），而事務長則依法要聽命於機長。機長是該航次的最高主管，所有組員都要聽其指揮。

客艙組員工作的「場所」——客艙，其設施裝備的設置會因航機機型的不同而不同，客艙組員必須去適應；每次執勤人數有多有少，工作夥伴也常常變動，無法固定，默契會有不足，跨洲際的航班，在工作上又有時差的困擾，且上班的時間早晚不一，任務結束彼此就無隸屬關係，所以對客艙組員用組織架構來管理，是唯一可行的方式。

每一航班客艙組員的派遣人數

　　按照「航空器飛航作業管理規則」第188條規範，客機上客艙組員人數之配置的最低規範為：「航空器載客座位數為二十座至五十座時，應派遣一名以上之客艙組員。載客座位數為五十一座至一百座時，應派遣二名以上之客艙組員，於每增加五十座載客座位數時，增派一名以上之客艙組員，以確保飛航安全及執行緊急撤離功能。但運渡（ferry，空機飛行）或經民航局事先核准者，不在此限。」

一、行政上的組織

　　在航空公司的組織架構上設有負責航機客艙工作的規劃與管理，制定作業規範、工作標準、考試與考核等業務的單位，不管此一單位名稱為處、部、室或本部，都是公司的一級單位，在這個一級單位內會再分設單位（如課或科），負責客艙組員的排班工作與管理，直接面對客艙組員。

二、任務上的組織

　　每一個航次一定要有客艙組員，該航次的客艙領頭主管，名稱上各家航空公司並不盡相同，英文稱為Chief Purser（CP），中文的稱呼就多了，如事務長、座艙長、客艙經理、乘務長等。主管以下有副主管，如副事務長（Deputy Purser, DP）等，副主管及其他客艙組員配置的人數，依航機座位數的多寡與任務來決定，原則上座位數越多，要配置的

客艙組員人數越多，派遣的客艙組員越多，任務上的分組也會越多，也會有組長的產生。客機座位數的多寡與機型的大小及艙等配置的不同而有差異，但不可以少於民航法規規範的最低人數。所以每航次最少有兩位客艙組員，這些都是屬於任務上的臨時編組，於任務完成離開後就無直接的隸屬關係。所以客艙組員沒有永久的直接隸屬主管，行政部門的主管就是他們共同的主管。

由於航空公司客艙組員眾多，除了集中受訓外，彼此之間瞭解與認識的機會不多，在同一航班服務的機會更少，有些可能是第一次在一起，幸好航空公司都訂有標準工作手冊可以遵循，工作執行上不成問題，不足之處只有默契會比較差而已，這是規模比較大的航空公司的通病。

每次航班的客艙組員搭檔大多不會相同，各自將自己的工作做好，完成客艙服務

第5章　客艙組員的管理

- 要自我管理，自我學習
- 法規規範的管理——要充分休息
- 客艙組員的行政與紀律管理
- 客艙組員制服的管理
- 對客艙組員的關心與心理諮詢

　　任何企業都需要用人。航空公司的客艙組員是航空公司用人最多的單位，但是在航機上工作的人數不多，各有各的任務分配，是既分工又合作的一群，需要相互支援，忙碌時，事務長也要客串幫忙，在工作上事務長負責指揮和監督。

第一節　要自我管理，自我學習

　　一般而言，客艙組員的工作是很辛苦的，擔任跨洲際有時差的航班更辛苦，難得任務完畢好好休息，所以有些客艙組員會選擇到地區性的航空公司（regional/local airline）工作。但也有年輕又無家累的客艙組員，會選擇到有國際航線的航空公司，尤其特別喜歡可以過夜的航線，可以觀光，以致對於航空公司所排給任務以外的「休息時間」好像就是自我解放的時刻，尤其是在國外的休息時間，客艙組員時常會忽略下一趟任務前，法規規範航空公司要給的連續十小時以上的休息是要讓組員有充分養精蓄銳的用意。因為客艙組員大部分都比較年輕，缺少一點穩

客艙組員要有充分的休息，才能為乘客提供親切的服務

定性，自我管理的能力相對來說也比較差，所以要多自我學習，自我成長，尤其是航機上組員間資源的相互支援與學習。也正因為客艙組員相對比較年輕，比較好玩，遲到以及請假的情形也比較多（可居全公司之冠）。尤其是在少子化的今日社會裡，客艙組員要做好自我管理與學習，才會快速成長。

第二節　法規規範的管理——要充分休息

「航空器飛航作業管理規則」第36條規範，「航空器使用人應保存組員之飛航時間、飛航執勤期間、休息期間、執勤期間及待命期間之紀錄至少連續十二個月。」足見飛航時間以及各期間的認知極為重要，攸關組員（客艙組員）的充分休息與飛航安全，在颱風侵襲台灣的時間，常因航機無法照原訂的機場降落，必須轉降鄰近的機場，導致組員的飛航執勤時間超過法規限度，航空公司於颱風過後，必須另派組員飛回航機而延誤航班的情形。茲將上述管理規則相關的用詞定義條列如下：

「航空器飛航作業管理規則」第2條：

第十八項　飛航時間：指為計算執行飛航任務及登錄飛航時間限度之時間，包括下列二種：(一)飛機：指為起飛目的，開始移動時起至著陸後停止移動時止之時間。……

第二十項　執勤時間：指航空器使用人要求組員執行之各項勤務期間，包括飛航任務、飛航後整理工作、行政工作、訓練、調派及待命等時間，並應列入勤務表。

第二十一項　休息期間：指組員在地面毫無任何工作責任之時間。

第八十三項　飛航執勤時間：指組員自報到開始起算至完成所有飛航任務，飛機停止移動或直昇機旋翼停止旋轉之期間。

　　客艙組員對以上名詞瞭解越多，越有利於上述「航空器飛航作業管理規則」有關執勤的規範，對航空公司的排班及客艙組員的體力和權益都有密切關係，為方便讀者與客艙組員研讀，茲將有關條文分列於下：

第37-1條

客艙組員之飛航時間與飛航執勤期間限度如下：

一、連續二十四小時內，國內航線其飛航時間不得超過八小時且飛航執勤期間不得超過十二小時。國際航線其飛航時間不得超過十小時且飛航執勤期間不得超過十四小時。如國內航線及國際航線混合派遣時，其飛航時間限度應依國際航線之規定。

二、超過前項國際航線規定者，航空器內備有休息座椅或睡眠設備，航空器使用人應調配客艙組員並安排飛航中輪休以延長其限度。但延長之飛航時間不得超過十六小時且飛航執勤期間不得超過二十小時。

　　前項第二款派遣之飛航，遇有天災、事變或其他不可抗力事件者，其飛航時間及飛航執勤期間得不受前項第二款規定之限制。但最長飛航時間不得超過十八小時且飛航執勤期間不得超過二十四小時。

　　客艙組員飛航二地之時間差如為　小時以上，且在不同時區超過四十八小時停　者，於執勤完畢返回基地後至少於四十八小時內，航空器使用人　得再派遣任何飛航任務。但再派遣之目的地為前述停　地或與前述停　地時間差在三小時以內者，　在此限。

　　航空器使用人應於客艙組員手冊中訂定飛航中客艙組員調配及輪休作業程序，該程序應包括異常情況之紀錄。

　　客艙組員於　續三十日內之總飛航時間，　得超過一百二十小時。

第37-2條

組員於執行飛航任務或待命勤務前，應給予連續十小時以上之休息。

航空器使用人不得超過連續三日派遣組員執行飛航執勤期間跨及起飛地時間午前二時至五時之飛航任務。

連續二日派遣組員執行飛航執勤期間跨及起飛地時間午前二時至五時之飛航任務，執勤完畢後應給予連續三十四小時以上之休息。

連續三日派遣組員執行飛航執勤期間跨及起飛地時間午前二時至五時之飛航任務，執勤完畢後應給予連續五十四小時以上之休息。

航空器使用人派遣組員執行飛航執勤期間跨及起飛地時間午前二時至五時之飛航任務後，給予連續十四小時以上之休息者，得不受前二項規定之限制。

第38-1條

客艙組員飛航執勤期間未逾八小時，於執勤完畢後應給予 續九小時以上之休息；飛航執勤期間超過八小時未逾十二小時，於執勤完畢後應給予 續十二小時以上之休息；飛航執勤期間超過十二小時未逾十六小時，於執勤完畢後應給予 續二十小時以上之休息；飛航執勤期間超過十六小時，於執勤完畢後應給予 續二十四小時以上之休息。

連續七日內，應給予連續三十小時以上之休息。

第39-1條

客艙組員於飛航執勤期間限度內，其起飛降落次數不得超過下列規定：

一、國際航線：不得超過六次。

二、國內航線：不得超過十二次。但飛航時間均短於二十分鐘者，其起飛降落次數最多得增加四次。

三、國內航線及國際航線混合派遣時，依國際航線之規定。

　　有關上述對客艙組員的「工作／執勤時間」，2015年11月9日中央社新聞網有以下報導，提供參考：

　　桃園市空服員職業工會代表在桃園產業總工會陪同下至交通部陳情，要求交通部修改上述時間。勞基法規定每月最高工時上限為一百六十八小時，但依規定，空勤組員執勤期間連續三十天內竟可達二百三十小時。民航局標準組說，空服員的工作時間計算與一般勞基法基礎不同，空服員每月上限二百三十小時的執勤時間，不是指飛行時間，還包括訓練、待命及調派時間。不過目前民航局已準備修法。

　　「航空器飛航作業管理規則」第199條規範：

　　「航空器使用人應確保其飛航組員、客艙組員、簽派員及維護人員等相關飛航作業人員於執勤期間無受麻醉藥物或酒精作用而影響飛安之情形，並訂定相關之麻醉藥物及酒精測試規定，並執行抽檢，檢測紀錄應存檔備查。民航局得以定期或不定期方式對前項飛航作業人員實施麻醉藥物及酒精檢測。

　　麻醉藥物及酒精檢測檢查標準如下：

　　一、麻醉藥物檢測：尿液樣本反應呈陰性。

　　二、酒精濃度檢測：血液中酒精濃度不得超過百分之零點零二或吐氣中酒精濃度不得超過每公升零點一毫克。

　　前項檢查不合格或吐氣中酒精濃度超過每公升零毫克而未超過規定標準者，不得從事相關飛航作業，拒絕檢測者，亦同。

　　第二項麻醉藥物及酒精之檢測，民航局得委託航空站經營人辦理。

　　民航局依前項規定為委託行為時，應將委託之對象、事項及法規依據公告之，並刊登於政府公報。」

第三節　客艙組員的行政與紀律管理

一、行政管理

(一)排班的管理

　　航空公司除了要求客艙組員遵照手冊在航機上工作外，有關執勤任務的排班，也要依上述管理規則規範的時間要求辦理。為求正確迅速，航空公司均設計一套電腦程式，輸入客艙組員應值勤資料，電腦就會印出執勤班表，客艙組員必須依照所排的執勤班表行事。即攜帶證照及個人裝備齊全，按規定時間和規定處所報到及報退，參加任務簡報，進出機場要配戴職員證並接受安全檢查等要求。

(二)依所簽合約的管理

　　客艙組員一經錄用後，航空公司要依據「勞動基準法」的規定與客艙組員簽訂僱傭契約，至於所簽的契約內容、契約的效期——是短期、長期或永久，由簽約雙方議定。合約一經簽定，各方就要依約履行權利與義務的責任。其他有關考績、勤惰、差假方面的行政管理，也是航空公司頭痛的地方。

二、紀律管理

　　每一航班的客艙組員總人數很少超過20人，有些還可能是第一次在同一航班工作，彼此之間的瞭解可能不多。所以航空公司除了加強組員資源的管理外，有些航空公司也會對客艙組員訂有在機上服勤的一些規

範，來供客艙組員遵循，並維護客艙組員的權益與紀律，例如：所攜帶行李的放置也要考慮安全、機上的用餐及輪值等。基本上對於組員（含客艙組員）的規範，其目的還是為旅客的安全著想，同時也維護航空公司的形象。

三、遵守機場的安全管制

在機場的範圍內會分成管制區與非管制區（又稱隔離區與非隔離區）來管理。管制區如跑道、滑行道、停機坪、登機門、內候機室等。因為飛機是停在管制內的停機坪，客艙組員為了機上工作的需要，必須進出機場管制區，除了要配戴有效證件外，也和搭機乘客一樣，都要經過機場的安全管制，人及其行李與乘客一樣，也要經過安全檢查，沒有例外，還要集體行動，比乘客嚴格。

航空公司派遣出任務的客艙組員，其國際航線的出境與入境程序，以及國內航線的進出機場程序，與一般旅客大同小異，所不同的是他們是憑航空公司的職員證集體行動，不需要登機證，也另有通關的通道。

客艙組員通常會集體行動，準備開始客艙服務工作

第四節　客艙組員制服的管理

　　航空公司是走在時代尖端的企業，是技術密集、資本密集也是人力密集的既傳統又先進的產業，各公司為了企業形象，除了有自己的企業識別標誌，並將這個識別放置在飛機機身、機場櫃檯、辦公室、貴賓室、信封、信紙、名片等地方外，也會絞盡腦汁去精心設計其空服員的制服（特別是對女性空服員），來突顯航空公司的特色，且制服推出一段時間後，又會在適當時機（如配合企業識別更新）再推出新的制服。惟男性空服人員（一般稱為空少）的服裝變化就不大。

　　「航空器飛航作業管理規則」第188條，規範客艙組員要穿航空公司的制服執勤，由於客艙組員飛到世界各地，且在工作上接觸來自世界各地的旅客，特別是在客艙上，因此，客艙組員的制服（尤其女性）都會引來各國遊客的目光，是一種活動的看板廣告，所以航空公司為了創新與提升國際知名度，對於客艙組員的制服都會不惜重金，聘請知名服裝設計師設計，而且隔一陣子以後，會選擇黃道吉日，再做改變，再給消費者另一個新鮮感。

女性空服員的制服可突顯航空公司的特色

不過，談到客艙組員的服裝，尤其是女性，一直以來都是各航空公司討論的問題。

《蘋果日報》於2014年5月7日即報導有關這一、兩年來鬧得沸沸揚揚的女性客艙組員為其制服奮鬥的例子：

1. 2013年3月26日，韓亞航空要求空服員穿裙子遭人權委員會裁定不當，空服員爭取穿褲裝成功。
2. 2013年4月19日，中國春秋航空主題航班讓空服員穿女僕裝引發低俗爭議。
3. 2013年7月5日，馬來西亞全國巫人統一機構國會議員投訴空姐制服太性感。
4. 2013年12月12日，澳洲航空換新裝並找澳洲名模展示，空姐批太貼身、性感。

空服員的制服要考慮到國家風俗民情、航空公司特色、時尚流行、工作便利性等諸多因素

5.2014年3月11日，日本空服員聯盟砲轟天馬航空要空服員穿迷你裙。

可見女性空服員的「工作服裝」還真難「做」，又要美觀，又要端莊，又要工作輕便。亞洲人喜歡女士穿裙子，有些歐洲的航空公司為了工作方便，認為女性空服員可以穿長褲；也有認為戴上帽子顯得更高雅等等，不一而足。

此外，2015年10月15日《蘋果日報》報導，華航配合波音777新機引進推動新世代計畫，找來曾為多部電影中的主角設計旗袍的設計師打造新世代制服。華航空服員（客艙組員）及地勤也分別在今年8月及9月陸續換裝。不過新制服亮相後，除了有網友毒蛇說很像「無敵鐵金剛」，空服員換裝第三天也有員工上網報料鞋上的藍線條遇水退色，讓人變「阿凡達腳」等。有立委在立法院公開批評華航新制服讓人看了不舒服，穿的人也不舒服。但也有大學服裝設計系主任說，華航新制服採用比較大膽的組合方式是非常流行的手法，但華航採用新設計需考量民眾的認同與接受度，否則對公司形象會有影響。華航表示，制服美醜，見仁見智，尊重專業。又添一樁航空公司對客艙組員制服設計的用心與難為。

第五節 對客艙組員的關心與心理諮詢

大部分的客艙組員都是活潑可愛的年輕人，他們的職業在台灣是許多年輕朋友所嚮往的，不過，由於工作關係，大部分是過著「居無定所」的漂泊日子，離開家的日子多於在家的時間，何況有不少客艙組員是家裡的寶貝，對家的思念可想而知，才會有第一次執勤飛到國外住宿的夜晚就想要回家的客艙組員。

現今的社會充滿流行的風氣，好吃懶做的比刻苦耐勞的多，招搖撞

騙不務正業的不在少數，客艙組員又是多數年輕人羨慕的對象，會有在搭機邂逅的姻緣，也有可能遇到不懷好意故意獻殷勤的乘客，製造與客艙組員談話的機會（如假借要茶水），趁機要客艙組員的聯絡電話（名字已有胸前的名牌可看），給還是不給就考驗客艙組員的智慧。筆者曾經接獲有乘客因約會客艙組員不成，惱羞成怒，寫信來告狀的案件。

　　航空公司的客艙組員總人數眾多，但都以航班來安排任務的編組，每組成員不多且並無固定，有幾天在一起的航班，也有只有幾個小時在一起的航班，老、中、青的年資／年齡都有，工作時，依分工各忙各的，任務完畢後的休息時間，客艙組員才有談天說地的機會，才能相約散步、購物、檢討工作，論長道短，更不在話下。管理者應多溝通，瞭解生活習性，培養客艙組員健康的心理。

第6章

客艙組員的職責

- 先模擬一趟簡單的飛行
- 一般乘客認知的客艙組員的工作
- 安全才是最基本的客艙服務
- 客艙組員真正的任務
- 客艙組員要機警、靈活

第一節　先模擬一趟簡單的飛行

航空運輸的客機上所派遣客艙組員,他們的每一航次所負責的工作內容與程序,除了擔任特殊任務如國家元首專機外,基本上都是大同小異,所不同的只有國內與國際航線的差異,以及航空器機型的差別與餐飲服務的不同。

「整肅儀容」不只是客艙工作的客艙組員要講究,就算一般的上班族也是不能太隨便。民航法規中的「航空器飛航作業管理規則」第188條規範「……客艙組員工作時,應著航空器使用人所規定之制服……」,所以客艙組員須穿著航空公司的制服執勤,並攜帶有效證件(必要的簽證)及公司的職員證等(客艙組員不論是飛國內或國際航線,還是要通過機場的安全檢查,飛國際航線要攜帶必要的旅行證件)。

至於女性客艙組員要如何化妝?要擦指甲油嗎?腳趾甲也要擦嗎(因為有航空公司的女性客艙組員要穿夾腳拖鞋,好像腳趾甲不上指甲油感覺不美)?各航空公司都有各自的要求標準,此部分無關服務的好壞(有關化妝航空公司會有訓練)。

客艙組員執行任務前的工作是按表(排班表)操課,每一位都要先按照規定的時間到指定的地點(daily counter)去報到,並由事務長為客艙組員做簡報,對每一位組員做任務交代。爾後再由航班機長對全體組員做聯合簡報後,要往航空公司機場櫃檯報到(如有託運行李或國際航線),按一般正常旅客出境程序辦理通關(CIQ)上機(比乘客早登機)。上機後各客艙組員依事務長的任務分配,做好航機在地面上的各項準備工作,等待乘客登機。

當乘客登機時,各客艙組員除了歡迎乘客登機外,並引導乘客到登機證上的指定位置就座,全部旅客都已就座,地勤人員都已離開飛機,

客艙組員做安全及緊急逃生的示範

艙門都已關妥，則客艙組員開始做安全及緊急逃生的示範，並做好航機準備起飛（take-off）的各項安全檢查工作，於航機後推時起，各客艙組員（含事務長）也必須與乘客一樣各就各位，繫妥安全帶，準備航機起飛。

　　在航機起飛後至機長熄滅繫緊安全帶的指示燈時，客艙組員則開始進行一般乘客所瞭解的機上服務──報章雜誌、餐飲、免稅品販售……，也不能忽視隨時提醒乘客要繫好安全帶，直到航機準備下降時，停止供應餐點及販賣免稅物品等，再做好下降前的各項安全檢查，並回到自己的座位繫妥安全帶，直到航機降落、滑行、停妥，才起身做好乘客下機前的各項工作（一個小時以內的短程航線，除了安全的示範與檢查外，其他的飲食服務就簡單多了，更沒有酒類的供應）。

　　當旅客全部下機後，要檢查客艙內有無遺留物品，等待地勤人員上機後，將航機後續的任務交給地勤人員。如果是國際航線，客艙組員下機後，依旅客通關程序通關，再做任務完成的檢討簡報。如圓滿完成任務，則回家休息或去公司安排的飯店休息，等待迎接下一次的任務，如有服務上的缺失，則遵照各公司規定的程序辦理。

第二節　一般乘客認知的客艙組員的工作

　　客艙組員是民航法規上的名稱；在航空業界，對在飛機上服務旅客的工作人員簡稱為「組員」（crew）；事實上，如果只稱「組員」，可為飛航組員或客艙組員，要看當下的情況來認知。然而，一般乘客在口語上，習慣用空中小姐（空姐）或空中少爺（空少）的稱呼，直接稱為「空服員」。如果問起空服人員在飛機上的工作內容是什麼？說不定十之八九的人都會回答：「不就是與上高級餐廳或住飯店差不多的服務工作嗎？」。在表象上的答案一點都沒有錯，而且乘客在飛機上所經歷的也確實如此。但是這種印象是乘坐西方先進的航空公司航班才會有，搭乘開發中國家的航空公司航班就不見得了。在80年代，筆者曾搭過在旅客登機前，先於機艙內放置乾冰來冷卻座艙溫度的航機，客艙內座椅上雖有安全帶，但卻是扣不緊的安全帶，就在這樣毫無安全觀念的做法，在心存恐懼與驚慌的情況下，航機一路搖晃到目的地。至於機上的餐飲服務，可想而知！

　　正因航空公司感受到乘客搭飛機的辛苦（至少不能如其他運輸工具一樣，隨時可以起身活動），航空公司乃不遺餘力地努力，希望能夠帶給乘客所期待的在藍天白雲上享受高級餐廳辦不到的用餐感覺，使旅客搭乘飛機時，除了起飛、降落以及遇上不穩定的氣流會有短暫的不舒服外，其餘時間是感到非常安全舒適的，只是機艙空間狹窄，乘客要坐在座位上並繫好安全帶，不能任意走動而已。如果是在一、二個小時內的飛行，或許還好，過長時間的航程，旅客是辛苦的，尤其是坐在位置比較小的經濟艙。甚至有極少數乘客一上飛機，坐上座椅，繫好安全帶後，就開始心存恐懼，口中念念有詞，顯得侷促不安。其實，此種乘客是過度緊張擔憂了，如果真的遇上「萬一」，能鎮定地依照航空公司機上「緊急逃生」的安全示範去做，是不會有危險的。

一般而言，乘客認知上的機上服務是以餐飲為主，而航空公司早有考慮到乘客在飛機上會感到無聊、枯燥，都絞盡腦汁思考如何提供乘客所需要的服務，所以當今在機上除了吃的喝的之外，還有好看的電影、好聽的音樂、電動遊戲、雜誌和Wi-Fi等。例如長榮航空公司有Hello

機上的餐飲服務

機上備有視聽娛樂系統及雜誌等

Kitty彩繪飛機的航班，機上所有準備給乘客使用的用品，如面紙、衛生紙、筷子、湯匙等都印有Hello Kitty粉紅色的標誌，吸引許多乘客「收集」，帶給乘客非常美好的回憶，也讓未曾搭過的旅客想揪團搭乘。

「航空器飛航作業管理規則」第2條第十一項關於客艙組員的定義中所規範的「與乘客有關安全工作或服務」，就是純粹屬於航空公司對乘客的接待工作，也是乘客對航空公司機上服務的期待以及對航空公司的評價。因與飛航安全「無直接關係」的其他機上服務，依照該法規的精神，民航主管機關不予規範，因此，航空公司要如何服務乘客係由航空公司自由發揮。

雖然曾經發生旅客對航空公司非關安全的服務不滿而引起糾紛，也有乘客會投訴民航機關，民航機關因非屬於飛航安全的案件，通常都只有進行排解，依法難以處分航空公司。然而，提供機上乘客的創新服務，也常常是航空公司用來招攬旅客的招數。最明顯的是機上餐飲，如長榮航空公司推出機上的鼎泰豐小籠包，華航推出欣葉台菜等做法，都是招攬旅客的招數之一；其他還有美酒、娛樂系統、用品等等。因為航空公司「從事與乘客有關安全工作」雖然重要，但是因為很少發生飛安

機上餐飲常是航空公司用來招攬旅客的招數

事件，絕大部分的乘客從來也沒有碰到過，乘客即使有顧慮，也都認爲不會那麼湊巧，導致航空公司除了注意安全以外，也要在意上述「安全以外」的服務。

航空公司的產品就是艙位，客機機位如果沒有滿座，剩餘的機位不像其他產品（如食物等實體物品）可以保存，而是隨著運輸行爲的結束而消失，縱使高級機上服務的昂貴機票也是一樣消失。所以航空公司會常常爲未售出的空機位推出便宜機票，導致一些中小型的航空公司在激烈的競爭當中瞭解消費大眾眞正的需要是——便宜的機票，乃朝著儘量由旅客自助的方向，如上網購票、自助報到、劃位來節省人力成本，採用低票價的經營策略來吸引另外的客群。

搭乘飛機在起飛及降落的過程，實無享受可言；會暈機的人比暈車的人多，跨洲際的長途飛行更辛苦，就算是搭超音速飛機（已經退役），在當時是極爲奢侈且時髦的消費，但超音速飛機爲減少空氣阻力，機身狹長流線，所以機艙的空間不大，只是用高速來縮短飛行，減少旅客在機艙內「不自由」的痛苦時間而已。至於搭乘其他飛機，即便是買比較貴的高等艙位，也只是座椅比較寬，甚至可以平躺而已，跟其他艙等的旅客都是在同一架飛機上，飛行途中會碰到的情況都是一樣的，更沒有所謂要坐在飛機的哪一個部位才比較安全的道理。在航行途中，爲了安全的考慮，機長會隨時提醒所有旅客回座並扣緊安全帶，或是就座時要扣緊安全帶，以防突然而來的不穩定氣流，談不上有多好的享受。

所以在機上除了去化妝室會有走動外（在起飛及降落時就不可以去），能走動的機會實在很少，何況有些國家爲了搭機乘客的安全，更規定搭機時不可以隨便在機艙內走動。另外，搭乘跨洲際及長程的飛機，還有最頭痛的時差問題要調整。

坐飛機不是一種享受，還要比搭汽車、鐵路、輪船花更多的時間耗在機場，連國內航線至少也要在飛機起飛前三十分鐘到機場劃機位，而且還是要沒有託運行李的旅客才可以。因爲登機前還要通過安全檢查，登機時也要檢驗身分證件。國際航線因爲比國內航線航班少，而且往往

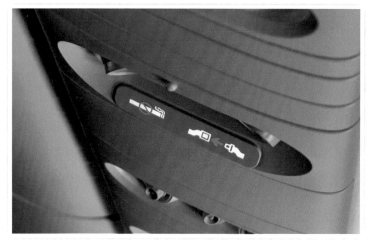

當飛機起降或遇到亂流時，提醒乘客扣緊安全帶

是載客量大的飛機，所以要提早於起飛前二至三小時到機場，排隊辦理搭機手續，遇到尖峰時段更是大排長龍，至於過安全檢查、驗護照等程序更不在話下，尤其在發生911恐怖攻擊事件以後，各機場都加強對旅客及隨身行李的安全檢查，所花的通關時間更長，有些機場連皮帶都要取下，鞋子也要脫掉，爲了大家的安全，旅客也只有忍耐。

航空運輸是所有運輸工具中速度最快的，可是票價也是最貴的，旅客如果不是因爲要翻山越嶺，要漂洋過海，或因爲要快，選擇搭飛機的人恐怕不多。因爲搭飛機眞的很辛苦！在飛機上是無聊的，要享受高級服務的機票更是昂貴。對於許多中短程旅客而言，都是抱著只要能夠快一點到就好，其他的享受就不重要了。因此，有航空公司瞭解消費大眾眞正的需要是──只要便宜的機票，不在意機上服務的好壞。爲了迎合此種心理的客群，近年來，低成本航空公司（low cost carrier，或稱廉價航空公司）採用低票價的經營策略，來吸引另外的客群，成爲背包客的最愛，在亞洲已是百家爭鳴。

搭機時行李的檢查對飛航安全是很重要的

第三節　安全才是最基本的客艙服務

　　航空運輸發生不安全的比率在運輸業中是最少的，而被認為是最安全的運輸方式；但正因為飛機是所有運輸載具中速度最快，不能有萬一，萬一真的不幸發生飛航事故，飄的時間很短，甚至是自由落體，直接撞擊地面或海面，衝撞或下墜的後果極為嚴重。航空運輸此種獨有的特性，是其最大的優點，也是最大的缺點。因此飛機自從可以載人開始（不論是否有營利行為），飛機製造廠商與航空運輸業者及航空業管理單位無不以「安全」為第一要求，因為航空運輸的服務是建立在安全的基礎上，防止空難發生。茲舉以下報導，供作參考。

　　據《中國時報》2015年3月25日報導，一年來國際重大空難有：2014年3月8日馬航MH370客機自吉隆坡飛往北京時離奇消失，造成239

人死亡：2014年7月17日馬航MH17班機於烏克蘭東部上空遭擊落，造成298人死亡：2014年7月23日復興航空222航班降落澎湖機場，機師重飛時發生墜毀意外，造成48人死亡：2014年7月24日阿爾及利亞航空AH5017班機墜毀於布吉納法索與馬利邊境，造成116人死亡：2014年12月28日馬航旗下印尼亞航8501航班墜毀於爪哇海，造成162人死亡：2015年2月4日復興航空235航班從松山機場起飛後不久墜落於基隆河中，造成43人死亡：2015年3月24日德國之翼航空（Germanwings）4U9525航班自巴塞隆納飛往杜塞道夫，墜毀於法國阿爾卑斯山區，造成150人死亡。在短短一年之中發生七件重大空難，令人遺憾！

　　雖然空難的發生與客艙組員無直接關係，但發生空難不一定就是全機覆沒，在救難人員尚未到達前，航空公司在出事第一時間能協助乘客逃生與救援的就只有機長、飛航組員與客艙組員，所以客艙組員在發生緊急情況時的搶救工作也是最重要的客艙工作。安全才是服務的根本，沒有安全就沒有服務。

逃生門

![logo]

第四節　客艙組員眞正的任務

一、以乘客安全爲首要

依據「航空器飛航作業管理規則」第2條第十一項，所稱「客艙組員」是指由航空器使用人或機長指定於飛航時，在航空器內從事與乘客有關安全工作的人員。

所以大部分人所指的空服員就是法規所稱的「客艙組員」。航空公司依照該法在航機上派遣客艙組員的重要工作是要「從事與乘客有關安全」的法定工作。前述管理規則第189條規定，「航空器使用人應訂定客艙組員手冊並據以實施。前項手冊應保持最新及完整之資料並應報請民航局備查。航空器使用人指派客艙組員檢查客艙內一般與緊急裝備時，應將客艙組員執行裝備檢查之責任、程序及說明，訂定於客艙組員手冊內。航空器使用人應於客艙組員手冊內訂定航空器於飛航中發生緊急、意外、火災或系統操作故障損壞報告程序，並應訓練客艙組員熟悉作業，適時向機長報告，俾供機長評估以採取適當行動。」這是航空公司根據法規規定訓練其客艙組員應盡的職責，對客艙組員是一項重大的任務，也是航空公司提供乘客安全的具體保障。

民航法規有關安全的規範有：

1. 駕駛艙的安全防護。劫機事件處理、爆裂物／生化武器威脅、違法滋擾乘客以及危險品等安全管理的處理原則與程序。
2. 客艙裝備安全。客艙裝備最低需求，消防、氧氣、燈光、供水、廢水、客艙通訊系統、緊急醫療裝備、逃生裝備與艙門、座椅、安全檢查、行李規範、電子用品、安全提示、安全帶規範、亂流

空服員的寶典——客艙組員的工作手冊

　　民航管理機關要求航空公司制定「客艙組員手冊」（Cabin Crew Handling Manual），至於航空公司有關「手冊」的名稱會有不同，無論名稱如何取，都要維持「航空器飛航作業管理規則」第189條「客艙組員〇〇手冊」的名稱，也要以「航空器飛航作業管理規則」的有關規範作為制定手冊的最高原則，但不失原則性規範。「手冊」涵蓋範圍甚廣，所有與飛航安全相關事項，各航空公司表達的方式或因公司的保安程度不同、所用機型不同，內容會有不同，但都要達到航空法規安全規範的要求。各航空公司會在不違反法規要求及精神的原則下，加入各公司特別的內部規定於手冊之中（本書將在後續的章節介紹各項工作的內容）。

預防與處置、禁煙規範、飲酒規範、特殊乘客的處理等規範，這些都是航空公司依法規規範，要在航機上派遣客艙組員的原因，也是客艙組員在航機上最主要的工作項目與準則，是航空公司對乘客的安全保障，惟真正瞭解的乘客可能不多。

二、為乘客提供餐飲的服務

　　一般乘客認知的客艙組員服務，就是以乘客的餐飲為主的服務，這也是航空公司除了保障飛航安全的工作之外所努力的業務項目（詳見第十五章〈機上餐飲服務〉）。

　　以上是客艙組員的主要工作，要客艙組員將工作做好，就要施予教育訓練，以下各章都是客艙組員必須具備與乘客有關的航空運輸常識（知識與技能），期盼有志加入客機客艙服務的讀者多加研讀。

客艙人員替乘客從行李廂拿取行李

客艙組員為何要坐在面對旅客的位置？

　　各國民航機關為了保障旅客搭機的安全，都要求各航空公司在客機提供載客座位數超過20座含以上時，每一航班上要派遣空服員（詳見「航空器飛航作業管理規則」第188條）。駕駛航機的飛航組員是在駕駛艙內專心駕駛飛機，只能從駕駛艙警示。其他有關乘客的安全注意事項，必須仰賴在客艙的組員。當飛機起飛及降落時，機長會提醒全體空服員就座，此時所有客艙組員在做完起飛或降落前的安全檢查工作後，也必須各就各位。為了方便掌握乘客是否坐妥，飛機製造商皆設計空服員的位置分散在機門旁邊，而且一定是面對客人。

第五節　客艙組員要機警、靈活

　　航班上配置空服員真正的目的是要維護及保障乘客的安全，協助乘客的機上緊急逃生，不是當花瓶用的，對旅客不尋常的動作也要有敏感的思維與預防。

　　機上乘客來自世界各地，什麼樣的人都有，會發生的情況不一定是課堂上講過的案例。長程航班有不睡覺的客人，也有睡覺會打鼾的客人，客人如果不舒服可能會是心臟病發作的前兆？會有要劫機的人嗎？會有殺人犯嗎？客人之間會發生吵架嗎？……這些懷疑很不幸地都曾經發生過，有真實的劫機案例，也真的有乘客把寵物蛇放進自己的口袋裡，不小心讓蛇跑出來嚇壞乘客的情形。機警的空服員也曾發現坐在一起的夫妻，太太以為她老公靠在她的肩膀是在撒嬌，其實她老公已經呼吸停止了。還有乘客在機上的盥洗室內裝針孔攝影機被空服員發現等狀況，不勝枚舉。

　　有時候覺得或許亞洲人的天性比較保守，我們所碰到的亞洲航空空服員的服務方式都比較制式化，雖然有笑容但不大自然，好像是經過「專業」訓練出來的模子，少了自然與天真。有太多職業化、商業化的味道，缺乏彈性，連機上的播報詞也生硬地照稿子念，好像在背書，不像講話，語調更不必要求了。所以航空公司對於空服員與旅客應對方面的訓練也只能教導原理原則，完全要看空服員個人能否舉一反三了。我們認為與安全無關的訓練不要太刻板，工作手冊不要太僵硬，否則會造成客艙組員的不靈活。曾有媒體報導，有乘客在機上故意要客艙組員送十次的餐，每次都不滿意，而該客艙組員也以客為尊——照送。類此現象，航空公司可能要調整對客艙組員訓練的方向及工作手冊因應。

第7章

客艙組員須具備的
客運運務常識（一）

- ◎ 航機飛航需要機場地勤作業配合
- ◎ 乘客要搭機（出境）報到，取得登機證
- ◎ 航空公司與機場有代碼，航班有編號
- ◎ 繁忙機場會有航機流量與機場時間帶管制
- ◎ 行李的認知

　　雖說微笑是服務的基本功夫，然而，航空運輸涵蓋的領域極爲寬廣，而且每一個領域都很專精，客艙組員只有微笑而不懂機場運務就不能算是完美的客艙組員。

　　航空公司的機場地勤工作是航空運輸業務的前、後兩端，就航班的起程而言是前端，就航班的到達而言是後端。前、後兩端的工作都在機場，是爲航機飛航作準備的工作，客機的機場運務工作是最繁重的一項。因爲乘客會說話，會有反應，而且是及時反應，不比行李或貨物，除非它的主人發聲。

　　飛航前、後兩端的中間是在航機上，是空勤組員的工作。所以雙方在航機啓程關艙門前與到達開艙門後，空、地勤雙方人員都要有交接的動作。前、後兩端的工作沒做好，會影響客艙組員的工作，客艙組員不可不知。

機下裝卸行李櫃
圖片來源：長榮航空提供

無靠空橋的乘客扶梯車作業

　　客艙組員的領域是在航空器上，最主要也是最重要的工作就是專注於旅客搭乘飛機的安全，客艙組員雖然不需要請領民航機關的執照就可以在航機上工作，但是他們是經過航空公司嚴格訓練並考驗及格的機上服務人員，從事與客人面對面的工作，是航空公司各項工作領域中與客人相處時間最長的工作。如果客艙組員能多瞭解航空運輸與機場運務的常識，對乘客的提問就能夠迎刃而解，對航空公司的形象會有加分的效果。

　　在不寬敞的機艙內，客艙組員要面對來自四面八方的乘客，不能躲也躲不掉。經常搭乘飛機的常客，尤其是商務客或是旅遊團的領隊，對於航空運輸的瞭解說不定比客艙組員還多，他們如果有要求或疑問，客艙組員比較難以回答；不常搭乘飛機或是第一次搭飛機的乘客，他們好奇或不懂的問題可能特別多，例如要求代為填寫入境表格、海關申報單等，客艙組員是否都會填寫？我們發現有些客艙組員不會填寫美國移民局的入境表與海關申報單，這些都是值得正視的問題。

飛機下的地勤作業

　　航空運輸的運務作業有客運與貨運兩部分，與客艙組員最密切相關的是在機場的客運作業，包含旅客與行李之運送業務。

　　所以航空公司除了依「航空器飛航作業管理規則」制定攸關旅客安全的客艙組員手冊接受嚴格訓練外，對於與客艙服務相關的航空常識，也必須對客艙組員進行教育。對於飛航安全以外的服務，如餐飲的客艙服務也不敢輕忽。

第一節　航機飛航需要機場地勤作業配合

　　機場的地勤作業是為航機飛航作準備的工作。一架飛機在起飛前和落地後的機場工作繁多，例如：上下旅客的空橋（air bridge）或扶梯車的安排、行李貨物的裝卸、航機的引導與後推、機艙的清潔、加油、機上餐飲物品等的作業。其他如飛機檢修、接駁車的安排、航務／航管／海關的申請、飛機載重平衡的計算、輪椅及身心障礙旅客的安排等，雖

然有些項目不是航空公司的工作，但都與航機飛行有關，也都屬於機場的地勤服務範圍，航空公司的人員都要清楚，客艙組員更需瞭解。

現代化的大型飛機，如果機場不提供梯子或空橋，乘客與工作人員是無法上下飛機的；飛機腹艙的行李與貨物，如果沒有工具（如輸送帶、升降梯）也是無法裝卸的。地勤與空勤一樣重要，都是為航機工作的人員，若沒有地勤工作人員（國外偶爾會發生勞動條件沒談好而罷工的情形），機場很可能就會癱瘓。

即使機場地勤不罷工，機場有關配合航機停靠需要的設備（空橋）及其操作，也必須提升，如以前的協和超音速客機的跑道，如當今的空中巴士A380型大型雙層客機等的停機如果缺少空橋設置，乘客上下航機就不方便。

機場如果沒有為航機飛航作準備的地勤服務，就不像機場，就會停擺，機場停擺，航機就飛不成。航機是航空公司的生財器具，講求營運效益，機場地勤作業也很重要，機場客運大樓（passenger terminal）的客運作業與客艙組員關係密切，也攸關航空公司的服務評價，不可忽視。

使用扶梯車

使用空橋

 ## 台灣的機場地勤業務範圍與他國不同

　　一般所稱機場地勤業務（airport ground handling service），是指從事在機場空側（air side）和機場陸側（land side）為航機的飛航、乘客的搭機、行李與貨物的裝卸所需的準備工作。關於兩側業務，部分航空公司自己經營辦理，也有航空公司是交由當地的機場地勤服務公司辦理，或是將空側與陸側的業務分開辦理的。

　　在台灣的機場地勤公司的業務與國外不同，只能承作機場空側的地勤業務，如裝卸行李與貨物、航機拖曳、空橋操作……；陸側的地勤業務如旅客的報到劃位等，則是由航空公司自辦。桃園機場現有的兩家地勤公司，先是由華航與政府合資以民營姿態出現的桃園航勤公司，後來才有長榮集團與外資合資的長榮航勤公司，不再只有一家獨自經營，但也都只能經營機場空側的地勤業務，陸側的地勤業務還是由航空公司自己辦理。不像國外，航空公司可只選一家機場地勤公司就包含空側及陸側的地勤業務。

第二節　乘客要搭機（出境）報到，取得登機證

　　坐車要有車票，搭飛機要有機票，車票不記名，機票要記名，所以機票是航空運送的憑證，搭機是運送契約的成立生效。航空運輸不論是國際航線或國內航線，乘客都必須辦理報到劃位。搭乘國內航線的航班，只憑身分證件即可辦理劃位及行李的託運（如有託運行李），並領取登機證（boarding pass）；搭乘國際航線的航班還要出示有效的旅行證件，航空公司才會給登機證。這些工作都是航空公司在機場的工作。乘客有了登機證才能上飛機，客艙組員才能在航機上為乘客服務。航空公司有關乘客登機前的前置作業，客艙組員不可不知。

　　如上所述，旅客搭乘飛機一定要在機場，不論是搭乘國內或是國際航線，旅客必須先到航空公司機場報到櫃檯辦理報到劃機位手續。旅客辦理報到劃位要有機票。航空客運運務的重要依據是機票，從前的機票

機場客運大廈——乘客辦理出境報到大廳（departure hall）

是紙本機票，用了很長時間，也都很習慣。近年來隨著電腦的發展，航空公司開發了無紙化的電子機票（e-ticket），雖然現在是電子機票，旅客手上並沒有機票，但有關機票的交易資料都已經存儲在航空公司的電腦系統裡面，航空公司機場報到櫃檯人員只要核對旅客的身分證明文件（如身分證、護照簽證等）無誤後，很快地，電腦就列印出登機證（登機證上的名字與護照／訂位紀錄是一樣的），國際航線乘客於取得登機證後，可以憑登機證及護照，進入管制區辦理海關、移民、檢疫（Customs, Immigration,Quarantine, CIQ）的通關程序，省事、省時又方便。登機證上還有啓程地與到達地、登機門、日期、航班號、座位、艙等之記載。再按照登機證上的座位號碼登機就座。

因爲航空器的客艙和貨艙空間都非常有限，所以不論是手提或託運行李都有重量與件數的限制，以及安全檢查的程序。乘客如有託運行李，就要辦理行李託運手續，航空公司會給予託運行李收據。至於無託運行李只有手提行李的旅客，可以選擇到航空公司櫃檯辦理報到手續，或是自己到自動報到機器（KIOSK）辦理，但記得一定要拿到登機證。

大廳旅客報到櫃檯

航站航班時刻表

自動報到機

圖片來源：長榮航空提供

　　行李是依附旅客而來，否則就不叫行李，也不能在客運大樓辦理運送，要以貨物運送方式報關後進行交運與提領。行李基本上有隨身手提及託運行李兩種，都是與旅客同一航班，所有行李不論是託運或隨身手提，依「航空器飛航作業管理規則」第48條規範，「航空器使用人應於營運規範內訂定乘客隨身行李計畫，該計畫應包括各航空器別之隨身行李件數、重量、尺寸及相關控管作業，並報請民航局核准。」所以不論國內或國際航線，航空公司都有不同的重量、件數與尺寸的限制，也都要經過安全檢查才可上機。

　　航空公司的機場運務作業是航空公司的重要業務之一，是與客戶最有直接關係的地勤工作，是航空公司所賣產品要履行的出發站與終點站，包括旅客與行李及貨物的運送，是航空公司依據運送契約履行責任與權利的開始與結束。為了統一做法，各航空公司都頒布有「運務的工作手冊」（Ground Handling Manual），作為員工的工作準則與訓練教材。

許多旅客捨不得拆掉託運行李的掛籤
圖片來源：長榮航空提供

登機證

圖片來源：長榮航空提供

一、機場運務人員不一定都是自己公司的人員

　　國際機場是國家的門戶，機場是航空公司人員接觸到旅客的第一關，也是旅客對航空公司印象好壞最重要的地方，所以各航空公司都非常重視，但是機場的工作需要投入不少人力，而且是要有經驗的人力。航點那麼多，如果都是自己僱人處理，雖然服務品質比較能控制，但相對地，成本勢必很高。所以航空公司只有在自己的主要基地會僱人來服務外，在國外航點的第一線工作都會委託當地的航空公司或機場地面服務公司辦理，總公司只派駐主管監控而已。

　　航空公司機場運務的主要工作是客運（貨運也要處理，只是對象比較單純），需直接面對旅客的部分，例如辦理出境旅客劃位及託運行李、協助旅客通關登機、入境旅客的通關及行李提領、提供高等艙旅客的貴賓室服務及旅客旅遊資訊的提供等。不直接面對客人的工作，例如安排航機停靠的停機位、餐點及侍應品的裝卸、加油、加水、航機的維

機場客運大廈一角

修檢查、航機的拖引、航機的載重平衡、航機的接與送、異常情形之處理等，沒有上述人員的配合，航機將無法順利飛行。

二、機場前置作業做得好，客艙組員少煩惱

基本上客艙組員與乘客產生關係的時間是從乘客登上航機開始到乘客下機為止，是航空公司與乘客相處時間最長的一群服務人員。乘客搭機的不愉快，有可能是在機場報到時就發生，如乘客對櫃檯加收超重行李費的不滿、對貴賓室使用的不舒服等，尤其是遇上航班不準時，機場地勤人員又沒有好好安頓，會有乘客遷怒到機上的客艙組員。

在跑單幫客昌盛的時期，單幫客的行李都會超重，超重部分的物品大部分都用手提，而其手提物品也都超過限制（會放在航空公司報到櫃檯人員看不到的地方），會趁登機口人員不注意時，伺機帶入機艙（可能行李櫃放不下），如遇上負責任的客艙組員，就會請地勤人員改以託運行李處理（至於需否加收超重行李費就不得而知），造成航班延誤及客艙組員的困擾。

航機降落圖

第三節 航空公司與機場有代碼,航班有編號

國際民航組織(International Civil Aviation Organization, ICAO)對天空劃有飛航情報區(Flight Information Region, FIR),並由各國飛航管制單位/空中交通管制單位來提供飛機飛航的引導與服務,飛機是不可以隨便飛的。但是各飛航管制單位必須確定航機的身分與來路是否與飛航計畫一致,所以航機要有可供辨別的資料,亦即所稱的航班編號(flight number),以供飛航管制單位辨識。其實這三種代碼(code)不只飛航/空中交通管制在用,舉凡航班時刻表、航空公司員工的工作排班表、機場的航班動態表,都少不了它們。

　　國際航空運輸協會（International Air Transport Association, IATA）對每一家航空公司都給予不會重複的代碼（airline code都要英文字母大寫），如華航的CI、長榮的BR、中國國際（國航）的CA、國泰的CX……。也給每一座機場不會重複的代碼（airport code都要英文字母大寫），如台北／桃園國際機場的代碼為大寫的TPE、香港赤鱲角國際機場的HKG、北京首都國際機場的PEK……，以便瞭解航機從何處起飛？要飛去何處？這種代碼不會重複，因為都要申請登記，發現有重複的申請就會被拒絕。

　　至於航班的編號，則是由各航空公司在其代碼後面加上阿拉伯數字，如台北（桃園）TPE飛往洛杉磯LAX的華航「CI006」次航班、長榮「BR002」次航班等。詳細可上網查看，如讀者是在台灣，可向民航局或台北市航空運輸商業同業公會索取該公會每月印製的「航空公司聯合班機時刻表」，即可查看飛航台灣各航空公司的航班時刻、各航空公司代碼及其所飛航的機場代碼。

　　以上的資訊，作為航空公司的工作人員，必須瞭解並熟記，對工作會有幫助，尤其是客艙組員，至少要記住自己公司的代碼以及所飛航線的機場代碼，至於航班編號所飛的航線及預計離／到時間（ETD/ETA）能記多少算多少，至少也要知道如何找資料、如何看資料，以便每月接到工作排班表時，可以知道是飛哪裡：是要過夜（over night）的長程航線（long-haul flight）、當天來回的區域航線（regional flight），還是要多次起降的短程航線等資訊。

　　航班時刻表是航空公司各項業務推行的依循，也是航空公司的重心所在，整個航空公司所有的業務，都是圍繞時刻表運行，不過給員工工作依據的時刻表（aircraft operating schedule）是以一架航機為主所排的各航點的離（departure）、到（arrival）時間，到達與離開的時間差為航空公司事先排定之航機在停靠機場的停留時間，是按航機的大小及飛行的航線計算（小型客機的國內航線以三十分鐘計算，大型客機或國際航線以五十分鐘計算），給乘客看的航班時刻表的預計起飛時

間（ETD）與預計到達時間（ETA）就是從此時刻表擷取。航班延遲與否，以此為準採計。所以當客艙組員遇到誤點嚴重的航班時必須特別小心，此時登機的乘客會有將怒氣發洩到客艙的可能，即所謂「空怒族」（air rage）的情況發生。因此客艙組員對自己公司的航班時刻表不可不知，能記住越多越好，雖然枯燥無味，為了工作，再枯燥也得記。

空怒族（air rage）

航空公司最容易激怒乘客的就是航班不準點，因為航空公司在航線與航班的密度上比鐵、公路少很多，而且客機的調度不比汽車靈活，遇到航班不準時的時候，要搭機卻沒機可搭的旅客，其心裡的煩躁是可以理解的。此時若處理不好會馬上出問題，如果航空公司長時間不見改善，總是誤點，乘客會有受不了的一天，也會厭煩航空公司慣用「對不起，下次會改進」的老話，更會厭惡「來機晚到」等說詞，把責任推給上一航段或與航班有關的其他單位，這些都是乘客難以接受的理由，於是出現了所謂的「空怒族」，因為客人所要的是應該有的正常服務。

從航班時刻表中可以瞭解航班起降資訊

第四節　繁忙機場會有航機流量與機場時間帶管制

　　正因航空工業的持續發展，新機種紛紛出籠，航空運輸也跟著突飛猛進，使得天空變得很熱鬧。飛機不但不能任意飛行，還必須聽從飛航／空中交通管制人員的指揮外，也逐漸造成飛機飛航航路的擁擠，飛航管制／空中交通單位不斷開闢新的航路也不足以因應，而且新航路不是想開闢就能開闢，是有一套程序的，就如2015年初大陸為了紓解日益增加的航班需要，新闢503航路的使用，即是一例。

　　如果開闢新航路也無法滿足航空公司的需求而機場的停機位置（尤其是有空橋的停機坪）仍然不足時，民航有關單位在不得已的情況下，會採取飛機進機場的流量管制（air traffic control）（飛機在空中的飛航都要接受航管／空管人員的指揮，但在繁忙機場的塔台更為忙碌。起飛航班要在地面排隊等候。也要安排降落航班的順序，要求在機場上空依序盤旋，等待降落。繁忙機場的停機位置也供不應求，導致民航／機場單位不得已也採取時間帶事前申請的管制手段（time slot control）來進行控管。航空運輸發展至今，只要常搭飛機，聽到機長的流量管制的廣播是常有的事，若遇到機場的跑道整修，則情況更為嚴重。凡此影響航班正常起降的原因，作為一個客艙組員不可不知。

　　「民用航空法」就有航空公司要取得時間帶的規定，其第50條第一項：「民用航空運輸業應取得國際航權及時間帶，並持有航線證書後，方得在指定航線上經營國際定期航空運輸業務……。」第二項：「民用航空運輸業應取得國內機場航空器起降額度或時間帶，並持有航線證書後，方得在指定航線上經營國內定期航空運輸業務。」

　　所以民航機關在批准航空公司的航線／航班時刻申請之前（通常為夏季或冬季時間表），皆要求航空公司必須先取得各該機場的

時間帶（又稱爲「航班時刻」），通常是找時間帶協調人〔time slot coordinator，台灣的機場時間帶協調人爲台北市航空運輸商業同業公會（Taipei Airlines Association, TAA）〕，先取得往返各機場的航班時刻，否則民航主管機關不會批准。

航機的流量與時間帶管制

　　在繁忙的樞紐機場，如法蘭克福機場、香港機場、曼谷機場、上海浦東機場等，其來往航班相當多，每天都有尖峰（peak hour），在尖峰時段的停機位置常不敷使用，導致航機降落後無停機位可停的情況，或航班時刻雖已經批准，其到達時間與批准的時刻表常常會有差異，也造成要進機場的航機常常擠在一起，此時，空中交通管制單位就要對欲降落的航機給予降落的順序，空中交通管制單位就會告知準備要降落的航機減慢速度，在機場附近的上空盤旋，以便依序降落。此一不得已的措施，業界稱之為流量管制（air traffic control）。不過航機盤旋過久，也會遇上油料不足的問題，才有媒體報導MAYDAY（優先降落）使用時機的問題。這種措施如果是發生在真正繁忙的樞紐機場，無可厚非，如果是因為跑道的施工造成，就另當別論。由於繁忙機場的時間帶不容易取得，因而也有航空公司用已經取得的時間帶來當作籌碼，更聽聞有因時間帶的管理問題，引來麻煩，也是始料未及。

航機飛航準備作業——加油、裝卸餐點或貨物

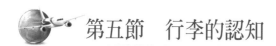

第五節　行李的認知

　　乘客出遊除了旅遊身分證件、現金或信用卡外，皆會攜帶旅途中需要用到的物品，例如衣物、化妝品及電子產品等，在運輸業稱此類跟隨乘客的物品為行李（baggage）。

　　航空運輸因考慮飛機機艙內的空間有限及安全（行李必須放在行李廂或乘客座位底下），航空公司將乘客的行李分成免費的手提行李（cabin baggage）及無法手提必須託運的託運行李（check-in baggage）。航空公司為了公平起見，託運行李也依艙等之等級有免費重量（總重量與體積重量）的差異。例如一張經濟艙機

> **手提行李的限制**
>
> 手提行李除了件數與重量的限制之外，另有體積／材積（volume）的標準與限制。航空公司會在機場櫃檯或航廈乘客登機閘口前放置鐵製框架，供乘客測試隨身行李的大小，如長寬高超出該框架，則要改為託運。

行李轉盤

票免費的託運行李是20公斤，當行李超重時，須另外加收費用，業界稱為行李超重費（excess baggage charges）；有人習慣叫做罰款，但事實上不是罰，是乘客要支付超過免費重量的費用。超重的費率有一定的標準，而且是報經政府核准的。

由於飛機有最大起飛重量的限制（否則飛不起來），也要計算攸關飛航安全的載重平衡，航空公司對每一航班，在上好旅客（每一位旅客含隨身行李以75公斤計算）、行李、貨物、加好油、上好餐飲與侍應品後，都要計算載重平衡，這也是為何航空公司對於行李與貨物重量的準確性格外關注的原因，也是航空公司對未經秤重的手提行李要特別注意的理由。

最讓客艙組員頭痛的是旅客的手提行李，客艙組員必須在乘客已經提到登機門才能認定是否可以隨乘客上機，執行上會有困難，而且可能會造成航班延誤起飛（航空公司的做法是馬上交由地勤人員辦理託運，並在登機門邊交給旅客託運行李票，行李也由地勤人員走空橋的樓梯帶到停機坪裝入飛機行李艙）。令人納悶的是──旅客提著行李在報到櫃

檯劃位，正常旅客會將手提的行李呈現在航空公司的櫃檯前，櫃檯人員只要稍微留意，應該不難發現可不可以手提的行李呀？！

有心旅客難纏

　　在90年代，香港已是購物天堂，是跑單幫旅客必去的地方。當時的韓國因為經濟起飛，掀起對舶來品的青睞，但是正常進口的物品有進口稅捐，價格昂貴，引起單幫客的注意，也去香港購物，如果搭乘漢城（今首爾）直接到香港的航班，會引起海關的注意，而經由台灣去香港的票價又比直飛香港便宜，導致單幫客經由台灣回韓國的行李特別多，又捨不得付超重行李費用，手提又有限制，擔心櫃檯劃位人員發現，都不會放在報到櫃檯前，等到要登機時才通通出現，造成登機閘口的混亂，企圖混水摸魚，有矇混過關的，也有被攔下來辦理託運的。

手提隨身行李通常要放在行李櫃中

行李依載運方式的不同，大致上可分為「託運行李」和「手提行李」，都是與乘客同一航班載運。後來為了習俗（如神像、骨灰罈等為了安全，不適合由旅客抱在懷裡）而發展出占位行李（Blocked Seat Cabin Baggage, CBBG），但是都要經過安全檢查後才可以上機。

一、託運行李

「託運行李」顧名思義是旅客搭機時交由航空公司承運的行李，是放在與旅客同一航班的行李艙內。旅客交運時，航空公司會給予行李收據（通常會貼在旅客的登機證上面）。託運行李到達目的地機場時，航空公司地勤人員會將託運行李送到航站大樓管制區內的行李轉盤，供旅客提領。不論航空公司是否核對旅客所提行李正確與否，旅客提領時應核對手中的行李是否與收據上的號碼相符，以避免錯拿其他旅客的行李。換句話說，建議旅客在未領取行李前，保留行李收據，以備不時之需。

飛機抵達後到行李轉盤提領託運行李

行李推車

　　不能當託運行李託運的物品品項很多，國際航空運輸協會（IATA）出版的《危險品規則》（*IATA Dangerous Goods Regulations*），對於危險品〔早期國際航協稱危險品為「限制承運物品」（restricted article），後來發現名稱太溫柔才改為危險品〕的承載，有極明確的規範，而且被各國民航管理機關於制定危險品規範時所採用。能否裝機？裝上貨機或客機？如何裝機？手提或託運？各國民航管理機關都有規範，航空公司也都要遵照辦理。

　　由於航機有最大起飛與落地重量和機艙空間的限制，對於乘客免費託運的行李，航空公司也有規範，但所規範的標準不一，有重量加件數的標準，有只單列重量或件數的標準。如美國航線，規定每一乘客只能託運兩件免費行李，每件行李的長寬高尺寸加總以62吋（158公分），重量以76磅（32公斤）為限，這種做法是航空公司應美方機場地勤公司的要求，考慮其搬運行李人員的體力負荷而訂定，航空公司亦不是為了增加收入，所以超出的部分也不允許付錢了事，硬是要取下（只要稍加留意，不難發現在機場航空公司辦理飛美國航班的乘客報到櫃檯，有

機場地勤公司對散裝行李的處理

乘客當場打開行李箱取出物品的情形）。客艙組員要有此認知。一般而言，應該是付錢後都可以託運。

　　有關各航空公司免費託運行李的重量會因艙等與航線的不同而有差異，詳情可上航空公司網站查詢。

二、手提行李

　　手提行李係指隨乘客攜帶進入客艙的物品，其容器不一，有大小尺寸可以帶上客艙的箱子，有乘客個人旅行用的衣物，如大衣、風衣、拐杖、單支高爾夫球桿（登機後由客艙組員保管）、電腦、背包、嬰兒推車等，這些物品均應由旅客自行負責保管。萬一物品遺失，除了乘客有事先申報保值外，依「航空客貨損害賠償辦法」第4條規定之標準賠償，貨物及登記行李按實際損害計算，但每公斤最高不得超過新台幣一千元；隨身行李按實際損害計算，但每一乘客最高不得超過新台幣二萬元。

　　隨身行李也不是什麼都能帶，民航主管機關都有規範，航空公司也會在機場的報到櫃檯公告禁止攜帶上機的物品。當然登機前要經安全檢查，旅客常常忽略的瓶裝水，在通過安全檢查前必須丟棄，過了安全檢查以後的飲料就沒有問題。

違反規定攜帶或託運下列物品上機者，依民航法規定處5年以下有期徒刑、拘役或15萬以下罰金。

一　壓縮氣體：
如罐裝瓦斯、潛水用氧氣瓶、噴漆、殺蟲劑等

二　腐蝕物〈劑〉：
如強酸、強鹼、水銀、鉛酸電池等

三　爆裂物：
各類槍械彈藥、煙火、爆竹、照明彈等

四　易燃品：
如汽柴油等燃料油、火柴、油漆、點火器等

五　放射性物品

六　以安全目的設計的手提箱、錢箱等

七　氧化物品：
如漂白劑〈水、粉〉、工業用雙氧水等

八　毒物〈劑〉及傳染物：
如殺蟲劑、除草劑、活性濾過性病毒等

九　其他危禁品：
如磁化物〈磁鐵〉及 刺激性物品〈防身噴霧器〉等

十　刀劍棍棒類：
〈可託運但不可攜帶上機〉

在機場安檢線設有危安物品棄置箱

如有任何疑問，請向航空公司洽詢，謝謝您的合作。

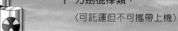
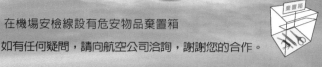

禁止攜帶或託運的物品
圖片來源：交通部民用航空局。

客艙組員的行李更嚴格

　　空勤組員為了工作的需要,在旅途上也有需要使用的衣物、藥品及其他隨身用品。不論是短程或長途過夜的航線,至少會有手提的隨身行李。他們與一般旅客一樣,要正常進出機場,只是因為他們是在飛機上工作,所以世界各機場都會設有專門進出機場的通道供他們使用,一則是為了集中,一則是節省他們的時間,但是他們可以帶的物品限制比旅客多(如台灣,菸只能帶二十支一包的五包,酒類禁止),海關有規定,航空公司也會有嚴格的限制。雖然在國際航線上,海關好像很少當場要求打開行李箱,以致於有少數客艙組員就因為「海關好像很少當場要求打開行李箱」而犯規的案例(買超量的香菸)。奉勸客艙組員要依規範行事,不要心存僥倖。

　　事實上,包括乘客的託運行李在內,都在下機送往行李領取途中,海關就先過X光儀器檢查後才送到提領轉盤,如發現可疑的行李,會留下仔細檢查後再送上行李提領轉盤,或於提取要過海關時,就會被海關攔下,要求開箱查驗(走綠燈照樣攔下),客艙組員應謹慎行之。

三、占位行李(CBBG)

　　占位行李是乘客因為怕摔(如小提琴、吉他等)或習俗(神像、骨灰罈)等緣故,不願意交付託運,寧可留在身邊,但有礙飛航安全而發展出來的產品。在台灣的國內航線,或許是風俗的緣故,骨灰罈不少,而且家屬為表示對往生者的尊敬,以往骨灰罈有好一段期間都由家屬抱著搭機,航空公司也不以為意,後來民航主管機關認為會有飛安的

顧慮，要求航空公司以占位行李處理，以方便有需要的旅客預訂購買座位，更有航空公司也設計骨灰罈的特殊綁帶，免費提供有骨灰罈的乘客使用。不過，對此種占位行李的受理，航空公司基於安全考量，有重量及數量的限制（尤其是數量）。

所以需要占位行李最好事先向航空公司訂好機位，以免到了機場無法上機的窘境（航空公司會因飛機的大小固定安排提供有限的機位，也有每一機種的占用行李座位表）。航空公司也不會接受旅客登機後，才將隨身行李變更為占位行李的要求。這些訊息與限制，也是客艙組員要知道的。

四、後送行李

行李是與貨物不同，行李與搭機的旅客有關，原則上要與乘客同一航班載運，不論是乘客隨身攜帶（乘客手提上機）或是託運（由航空公司放到飛機肚子的行李艙），都是跟乘客同一個航班到達。而「後送行李」顯然是不跟旅客同一航班裝運，而是由以後的航班運來，但是旅客要有搭機的事實。其提領報關不在客運大廈，而在機場貨運倉庫辦理，比較麻煩。

第8章

客艙組員須具備的
客運運務常識(二)

- ◉ 只認乘客登機證上的艙等座位
- ◉ 登機與登機的順序
- ◉ 艙單／運送文件的通報與交遞
- ◉ 關閉艙門後推／準備起飛

　　雖然旅客的登機時間是以航機起飛前三十分鐘作為標準，但會因機型的大小（雙走道或單走道）、航站登機通道寬窄、航機本身登機門的多寡及清艙工作的快慢而有變動，起飛前三十分鐘僅供航空公司參考。因此，旅客真正登機的時間是由地勤人員與該航班的客艙組員共同協調決定的。在航廈登機閘口的地勤人員，為防止人蛇集團的不法搭機，避免航空公司受罰，會於乘客登機時在登機閘口再核對乘客登機證是否與護照相同，近來為防止恐怖攻擊事件發生，各機場均全面實施登機旅客的護照再核對工作，這也是影響登機作業時間的原因。

第一節　只認乘客登機證上的艙等座位

　　登機證是乘客搭機及通關（CIQ）的憑證，旅客按登機證上的座位號碼就座（其實從座位號碼就知道艙等），最怕乘客不按登機證上的位置就座，至於在同一艙等的更動，客艙組員需要知道，旅客也要經過同意。

機場的登機門

登機門內的等候登機區

　　早期搭飛機是時髦也是高貴的表徵，駕駛飛機的飛航組員更是高人一等，在制度尚未建立完善之前，少數飛航組員會利用駕駛該航班的機會，在剛好高艙等機位還有空位時，會告知客艙組員讓其親朋好友「升等」到高艙等的座位去坐，此種私下運作的陋規，也不只是飛航組員，連客艙組員也有樣學樣，按規矩做事的客艙組員，在當下就感到不舒服，難免心理不平衡。這種陋規要守法的客艙組員如何是好？

　　後來航空公司為了航班客艙組員好做事，訂定一套禮遇作業程序，要求公司任何員工不論公或私，如認為有禮遇的必要時，可是先填妥禮遇單（PCR），送相關單位依程序辦理，對於「非自願升等」，航空公司內部也要事後補辦手續（補填禮遇單）。建立此制度後，就要求客艙組員，乘客的艙等座位，一律要以登機證上所載的為準。

　　除了只有一種艙等的客機外，客機至少會有兩種或兩種以上不同的艙等。正常而言，乘客要購買的艙等都在計畫旅行時就決定，高艙等的機票一定比低艙等的機票貴，不搭商務／公務的旅遊乘客都認為可以平安到目的地就好，會儘量購買經濟艙的機票。

在候機室的登機閘口前等候登機廣播

　　旅客自願升等的時機會發生在低艙等客滿而高一等艙等尚有空位，且乘客未事先購買機票，臨時到機場才要購買馬上搭機的情形，也偶爾會發生在航機上高艙等機位尚有空位〔可能電腦訂位已滿，客人未到（no show）〕，且乘客願意加價搭乘的情況，此種升等是自願的，稱之為自願加價升等，乘客與航空公司皆大歡喜。

　　航空公司主動為乘客升等且不加價的升等（乘客心情並不一定高興），業界稱為「非自願升等」，顧名思義，不是旅客自願或要求的升等，與上述自願升等相反。這種非自願升等的乘客，其實內心是高興的（至少不會再生氣），客艙組員會較容易應對。

　　非自願升等的事情都發生在航空公司有錯、理虧的情況下，最常見的情況是機位超訂（因常有客人訂位後改期或未到而不告知航空公司，航空公司為提升客艙座位利用率，會依經驗值，超過一定比率的座位數接受訂位，以降低空位率），而碰巧已訂位的乘客都到，如高艙等的機位有空（高艙等的訂位航空公司不會超過訂位，但此艙等的乘客較常no show），導致乘客被升等到同一航班的高艙等座位，或航空公司的其他

航班。此外，其他如航班嚴重誤點，將乘客轉給他航載運，而承接的友
航會依照雙方合約的規定升等，也有會趁機開出高艙等才接受轉乘的航
空公司。

第二節　登機與登機的順序

乘客登機（boarding）方便與否，與客機是否使用空橋有密切的關
係，而空橋為機場當局的投資，且空橋必須與航站候機樓連接，繁忙的
機場常發生空橋的停機坪不足的問題，導致有些航班要在無空橋的停機
位置（俗稱外機坪）停機上下乘客，雖然航空公司提供接駁車接送乘
客，但是在風吹雨打的季節，乘客登機或下機的瞬間，感覺絕對沒有使
用空橋的方便與舒服。

乘客利用扶梯登機的情形

一、登機

(一)留意登機門與空橋或扶梯的高度差

　　由於航空器的機身是依附在輪胎上，鼻輪或主／後輪上都有液壓裝置，而此液壓裝置極富彈性，機身離地的高度會隨航機的總重量而有高低差，亦即飛機登機門檻的高度會隨旅客上機人數及貨物與行李的增加而會略為下降，也會因下機人數的增加及貨物與行李的卸載而略為升高，亦即飛機總重量的變動，會影響登機門檻的高度，導致登機門與空橋或扶梯的高度產生落差，客艙組員要在旁提醒進出的乘客注意，以免摔傷（曾有乘客即是因此而摔傷）。

客艙組員在登機門等候乘客登機的情形

(二)艙門要關好

如果用心的乘客會發現當所有乘客都已經全部登機各就各位，在機上的地勤人員已離開飛機，最後的一個艙門也關閉後（同時開啓兩個艙門的雙走道廣體飛機，會視情況先關一個，留一個給剩下的少數尚未登機的旅客與還在機艙作業的機務、地勤人員用），事務長會用機內通訊系統，告知各艙門負責的空服員確認艙門是否已經關妥（客艙組員必須注意在檢查艙門是否關妥的動作後，一定要鎖上艙門）。

旅客搭乘飛機，無論國內或國際航班，一定要憑登機證（boarding pass）登機。國內航線旅客在國內航線的候機樓登機；搭國際航線航班的乘客，在國際航線的候機樓登機。兩者登機前都要經過安全檢查，所不同的是——搭乘國際航線的乘客要憑已完成海關、移民及檢疫等政府公權力機關的通關手續（即所謂的CIQ）的登機證才能登機。爲了防止人蛇集團偷渡，相關單位對某些航線（如飛美國的航線）要求航空公司於乘客登機前，還需再核對一次乘客的護照是否與登機證相符。

> **偷渡客**
>
> 偷渡客是指乘客未持有合法的入境簽證，不敢照正常的程序登機，而找機會混進機艙，隱藏在機上不容易被發現的地方，或利用轉機的機會跳機（不再搭機繼續行程），與專門協助無法取得前往國家的合法簽證，持假護照和簽證，企圖非法矇混入境的人蛇集團不同。人蛇集團是企圖非法入境分子的幫凶，非法所得可觀。

(三)留意孕婦妊娠期的登機

有航空公司規範孕婦懷孕32～36週搭機要取得醫生的「適航證明」（MEDIF），如果乘客不主動出示證明，地勤人員（報到櫃檯與乘客登機閘口）也只能用看的、用問的，在執行上會有困難，也會有疏漏。客艙組員如在登機門口對孕婦「有意見」，也會引發爭執。

　　以下是一則客艙組員為了執行有關「孕婦搭機」而惹火無懷孕女乘客的報導：

　　《紐西蘭先鋒報》報導，紐西蘭威靈頓一名妙齡女子穿著緊身洋裝搭乘捷星航空，登機時被男空服員問了一句「幾週了？」讓她大為受辱，上網尋求網友支持，還要航空公司道歉。

　　《紐西蘭先鋒報》報導，24歲安德森（Andersen）上週一從威靈頓登機到奧克蘭，當天她穿著一件非常合身洋裝，登機時被男空服員問了一句「幾週了？」意指她微凸小腹，安德森大為光火，回覆說自己沒有懷孕。

　　回家後安德森越想越氣，認為自己被羞辱了，在捷星航空臉書寫下經歷取暖，「作為一個女人，當妳沒有懷孕，卻被問到是否懷孕時，感覺很差……我過去很胖，但那時候也沒有碰過這種無理的問題」，安德森的發文引來數百女子支持，認為航空公司不能問這種問題，有許多人提到類似經歷，但也有人說，航空公司是為了安全而問。

　　捷星航空發言人表示，他們的客服部門已經聯絡安德森致歉了，也送給對方一張價值100元（約台幣3,200元）的折價券（《蘋果日報》，2015/10/28）。

　　另一則已到妊娠期的報導如下：

　　一名孕婦為幫孩子取得美國籍，涉隱匿懷孕週期搭乘華航班機赴美並在機上產子。該報導指出，該婦人於2015年10月7日搭乘華航CI008班機赴洛杉磯，飛行約六小時，該婦人羊水破裂緊急在半空中產女，班機也因此緊急降落安克拉治機場。事後遭網友爆料，該婦人刻意著寬鬆衣物隱瞞懷孕一事（《中國時報》，2015/10/25）。

二、登機的順序

　　登機的順序安排也是乘客登機順暢與否的關鍵所在。地勤人員會在取得客艙組員有關完成清艙作業後，會通知登機門的地勤人員開始安排旅客登機。機上在只有一個登機門的航班，航空公司會安排商務／頭等艙的乘客先行登機後，再安排後座的乘客登機；如果是兩個登機門的飛機，則分開高艙等乘客使用一個登機門，其他的乘客則使用另一個艙門，並請客艙後段的乘客先行登機，至於輪椅乘客，視情況決定最早登機或最後登機。

旅客上機後依號碼找尋自己的座位

第三節　艙單／運送文件的通報與交遞

依「民用航空法」第38條規範，「航空器飛航時，應具備下列文書：一、航空器登記證書。二、航空器適航證書。三、飛航日記簿。四、載客時乘客名單。五、貨物及郵件清單。六、航空器無線電台執照。」所以航空器每一航次的飛航，要有該航機所運送的旅客及貨物清單（艙單，manifest）、載重平衡（weight balance），航空公司地勤人員於完成一切海關與機場航務及運務手續後，要當面交給客艙組員（通常交給事務長），完成交接手續。並於所有地勤人員都已離開航機，空橋或扶梯車撤離後，關閉所有艙門〔客艙組員進行安全示範（safety demonstration）等工作〕，航機準備後推（push back）。

第四節　關閉艙門後推／準備起飛

「航空器飛航作業管理規則」第48條第二項規範，「乘客隨身行李應置於乘客座椅下或客艙行李櫃內，以避免滑落或掉落，並不得阻礙緊急裝備之取用及緊急撤離通道。」非經確認每件隨身行李均已放置妥當，航空公司不得允許航空器後推、準備滑行。

上述管理規則第188條並規範，航空公司應確保派遣之客艙組員於航空器起飛、降落或機長指示時，應平均配置於客艙內，並坐於靠近緊急出口之指定座椅及繫妥安全帶，如有裝置肩帶者，並應繫妥肩帶。當航機於地面滑行時，所派遣之客艙組員應就座於指定座椅並繫妥安全帶或肩帶。

起飛前空服員檢查行李廂是否已關好

　　也就是當飛機要起飛或降落時，不只乘客要座好並繫妥安全帶，客艙組員也要就座於指定座椅並繫妥安全帶或肩帶。

　　航班一切就緒準備出發時，機長要向航管單位申請出發許可（clearance delivery），取得許可後要聯絡地面塔台請求後推，此時機場航勤服務人員／公司將航機後推至滑行道（有些公司還會與機務檢修人員一起目送航機滑行），航機滑行至跑道頭前等待起飛（take-off）。

NOTE.....

第9章

客艙組員要熟練機 上乘客的安全作為

- 航空公司的安全文化
- 對乘客有關安全的告知與要求
- 瞭解飛安事件更要重視飛安
- 做好航空器駕駛艙的安全防護

第一節　航空公司的安全文化

　　飛機的速度是所有運輸器具中最快的，萬一失事，災情一定也是最慘重的。身爲航空承運人，對於飛安的努力不應鬆懈，除了要遵守民航運輸的法規規範外，航空公司也要發展自己的安全管理系統（Safety Management System, SMS），從最上面的董事長到下面的基層人員都動起來。將公司的政策目標、核心價值、員工訓練、優質安全文化、風險分析、安全報告系統與訊息傳達、緊急事件的處理等都全面思考，並將與飛航安全相關的工作按其性質分成小組，用安全的角度融入公司整體管理體系，並設定各小組的目標，作爲評估，定期檢討。期運用公司組織的力量凝聚安全意識，追求以安全爲導向的經濟效益，創造優質的安全文化，體會「沒有安全就沒有服務」的眞諦。因而各航空公司爲保障旅客及其員工的安全，均依據前述國際上有關航空運輸的保安標準及國內有關航空保安法規之規範，訂定各自公司的航空保安政策，以防制非法干擾航空安全的行爲發生。

　　航空運輸是人力密集、技術密集、資本密集的產業，也是風險極高的事業，不能有飛安事件發生，飛航安全是由上到下的貫徹。運輸首重安全，航空運輸更是輕忽不得！空難不發生則已，一旦發生就慘不忍睹，再好的服務都是枉然。各國民航主管機關對於飛航安全訂有法規來規範航空公司，台灣「民用航空法」第41-1條規範航空公司「應負責航空器飛航安全之責，並依本法及本法所發布之法規命令從事安全飛航作業。航空器飛航作業、飛航準備……、客艙組員、保安及其他應遵行事項之規則，由交通部定之。」

　　同法第41-2條規範「飛航安全相關事件之通報、消防、搶救、緊急應變及非屬航空器失事或重大意外事件之調查、統計及分析等事項之規則，由民航局定之。」

同法第46條規範「航空器及其裝載之客貨，均應於起飛前降落後，依法接受有關機關之檢查。」

同法第47-3條又規範「航空器載運之乘客、行李、貨物及郵件，未經航空警察局安全檢查者，不得進入航空器。」

以上的法規是民航主管機關為了飛航安全所頒布的法律或行政命令，法律效力等級極高，由此證明政府對於航空運輸安全的重視，航空公司必須認真檢視，客艙組員等相關人員更要體會並具體落實。

 # 第二節　對乘客有關安全的告知與要求

一、民航法規對乘客安全的規範

依「航空器飛航作業管理規則」第45條規範，航空器使用人應於航空器起飛前確使所有乘客知悉下列事項：

1.禁菸告知。
2.電子用品使用限制之告知。
3.座椅安全帶繫緊及鬆開之說明。
4.緊急出口位置。
5.救生背心位置及使用方法。
6.氧氣面罩位置及使用方法。
7.供乘客個別及共同使用之其他緊急設備。

同條第二項規範，「對可能需要協助迅速移至緊急出口之乘客，客艙組員應個別說明遇緊急時，至適當緊急出口之路線與開始前往出口之時機並詢問乘客或其同伴最適當之協助方式。」

　　同條第三項規範，「航空器使用人應於航空器內備有印刷之緊急出口圖示及操作方法與其他緊急裝備使用需要之說明資料並置於乘客易於取用處。」

　　同規則第48條第二項規範，「乘客隨身行李應置於乘客座椅下或客艙行李櫃內，以避免滑動或掉落，並不得阻礙緊急裝備之取用及緊急撤離通道。」

　　同規則第107條規範，航空器使用人應明確標示並告知乘客下列訊息：

1.繫妥安全帶、留置座椅及椅背豎直之時機。

2.氧氣設備之使用方法及時機。

3.禁止吸菸之規定。

4.救生背心或個人浮水器具之位置及使用方法。

5.緊急出口之位置及開啓方法。

應讓乘客知悉座椅安全帶繫緊及鬆開之方法

示範救生衣的使用方法

　　以上有關民航法規對航空公司有關乘客安全規範的預防與落實，航空公司已對乘客的座椅備有救生衣、已在客艙內裝置繫妥安全帶、禁止吸菸、緊急逃生路線及出口方向的指示燈，並於每個乘客座位備有安全須知卡，供乘客隨時閱讀，亦有機上廣播系統可供隨時使用（尤其於乘客需要緊急逃生時）。此等有關乘客搭機安全的工作，皆有賴於客艙組員的執行，也是客艙組員的重要工作。

　　所以客艙組員須於飛機起飛前為乘客說明搭機時要遵守的事項，會以安全須知卡、放映安全示範影片，或用人工表演等方式來讓所有乘客明白。如禁菸的告知、電子用品的使用限制、座椅安全帶繫緊與鬆開的說明、緊急出口的位置、緊急逃生的路線、救生衣的位置與使用方法、氧氣面罩的位置與使用方法等各項安全須知與安全規範。

　　有關安全須知卡的製作內容，各航空公司不盡相同，但都有涵蓋民航法規所規範的內容，只是對緊急逃生時禁止穿／帶的物品的圖示並不很明顯，而乘客對安全的示範（不論是以人工或影帶）興趣好像都不大，雖然航空公司已有感受，並也已用盡各種宣導的方式（如改以卡通），期待產生效果，可謂用心良苦！

129

安全示範的重要

　　為了提高旅客對於緊急逃生解說的興趣與注意力，已有航空公司改變了原由空服員現場示範的方式，改用「真人──非客艙組員」表演的影片，或是改用俏皮的卡通漫畫來吸引乘客的注意，例如2013年10月30日CNN特別報導維京航空的安全示範影帶，可以明瞭航空公司已經使出渾身解數，目的是告訴搭機的旅客，萬一不幸碰到必須逃生時，不要慌張，而且知道如何逃生。但很遺憾地，效果也是一般，因為乘客總存著不會那麼巧的僥倖心理，真正認真看安全示範的客人不多，不禁擔心：萬一真的要逃生時怎麼辦？此問題真是讓航空公司傷透腦筋！

　　前面法規提到航空公司「要確實使所有乘客知悉緊急逃生裝備的使用方法以及增加瞭解如何逃生的印象」，各航空公司也都使勁全力，研究安全示範的做法，以及安全逃生的指示，以使乘客在機長下令緊急撤離時會使用。

　　由於機上緊急逃生的機會幾近於零（航機失事機率是所有運輸業中最低），以致會注意觀看客艙組員在客艙內的安全示範的乘客寥寥無幾，不是看報章雜誌就是相互談天，雖然觀眾不太捧場，但礙於規定，少數客艙組員會流於形式地勉強表演或放映，草率結束。究竟乘客的印象如何？可能只有乘客自己知道，航空公司能留給乘客的是座位前的那一張安全須知卡。

　　由於航空公司製作的「安全須知卡」吸引不了乘客的興趣，於是發展製作可以同時播放多種語言及多種情境的卡通影片來代替人工的安全示範，發現觀看的乘客多了一點，所以航空公司紛紛採用卡通影片來代替，並研發卡通人物的造型，期使乘客加深緊急逃生的印象。但航空公

司並不就此滿足，還在研究結合卡通與客艙組員一起做安全示範的可行性。

二、航空公司對乘客安全的提示

　　為了讓乘客安全的搭機，航空公司依法要向乘客說明航機上各項安全設備的使用方法，並製作「安全須知卡」，且要將該安全須知卡放置在旅客前面雜誌袋內的第一頁。因為搭程航機最重要的莫過於緊急逃生，所以航空公司給予旅客的安全提示絕對有其必要，而且「航空器飛航作業管理規則」已明定關安全的提示內容，例如：禁菸的告知、電子用品的使用限制、座椅安全帶的繫緊與鬆開的說明、緊急出口的位置、救生衣的位置及其使用方法、氧氣面罩的位置及其使用方法、緊急撤離路線及各項安全須知與安全規範，至於如何讓乘客「知悉」，航空公司會製作旅客安全須知卡、出口座位旅客須知及安全示範影片等，有關人工安全示範則用於無安全示範影片的航機或安全示範影片機器故障的情況。

飛機上的出口方向提示

　　遺憾的是，乘客往往把空服員視同在高級餐廳的服務人員，對空服員按照規定在起飛前一定要做的緊急逃生示範不感興趣，連空服人員在安全示範時一再強調的「就座時一定要扣緊安全帶」的拜託也都忘記，在沒有扣好安全帶的情況下，遇到突如其來不穩定的氣流，碰得頭破血流的事故時有發生。

　　開車及坐車都要繫安全帶，更不用說是搭飛機，飛機在飛行過程中，其情況的變化比搭車更瞬息萬變，所以搭乘飛機更要繫好安全帶，而且航空公司都要求客艙組員除了要讓乘客瞭解安全帶的使用方法外，也要隨時注意乘客有無繫妥安全帶。因此，在長途的飛行途中，尤其是夜間一頓豐盛的空中晚餐後，旅客都會想睡覺，為了防止突來的不穩定氣流，就算在巡航途中，機長也都建議旅客就座時要繫好安全帶（為了安全，民航單位也要求不要隨意在機艙內走動）。在長途飛行的夜晚，蓋著毯子或被子睡覺的乘客建議把安全帶繫在毯子或被子的外面，以方便客艙組員巡視檢查。

飛機上的禁止吸菸及繫緊安全帶的指示燈

三、人工做安全示範相關道具

如果要以人工做安全示範，客艙組員要執行安全示範前，要先找好要示範的安全帶、氧氣面罩、救生衣及安全須知卡等機上安全示範用品的擺放位置，以及現場執行安全示範和緊急出口之位置。

對於坐在登機門／出口艙門旁的乘客，要另外給予緊急出口乘客須知的安全須知卡，並對其做個別安全簡報。

安全須知卡是各國民航法規規範航空公司在航機上必須放置的物件，而且也規範必須放置在乘客就座時最容易看到的位置，如放在雜誌袋，必須放在最前面。筆者早期曾經發現有航空公司雖然是機上不提供報章雜誌的航班，但還是會提供一張給旅客看的安全須知卡。

客艙組員是航空公司在航機客艙上時間最長的工作人員，也是航空公司在客艙內最直接接觸旅客的人員。他們是機長的眼線，是旅客的褓母，所以他們要瞭解航空保安，做好機上保安，做好保護旅客安全的責任。

空服人員示範安全帶的使用方法

空服人員協助年幼乘客繫好安全帶

　　在本書第五、六章強調「安全才是最基本的客艙服務」，也列舉了《中國時報》2015年3月5日有關一年來國際七件重大空難的報導。在短短一年內發生七起重大空難，雖然真正原因還在調查，但是從歷史資料來看，航空運輸發展至今，檢驗重大飛安事件發生的原因，除了蓄意破壞之外，不外乎是人為與機械的原因，只是兩者比重的消長而已。先做好緊急逃生的準備工作是絕對必要的。

第三節　瞭解飛安事件更要重視飛安

　　從台灣飛航安全調查委員會2004 2013年的國籍民用航空運輸業飛航事故發生原因分類統計，可以看出駕駛員的原因有47.2%；天氣27.8%；系統及裝備27.8%；發動機5.6%；機場／航管／導航設施2.8%；其他人員8.3%。從該委員會在這段期間的資料中得知，飛航事故肇因於機械原因的多屬於非空難等級的重大意外事故。依「民用航空法」與「飛航事故調查法」規範，有關飛航事件的分類內涵如下：

一、依「民用航空法」定義

航空器失事（aircraft accident）：「指自任何人為飛航目的登上航空器時起，至所有人離開該航空器時止，於航空器運作中所發生之事故，直接對他人或航空器上之人，造成死亡或傷害，或使航空器遭受實質上損害或失蹤。」

航空器重大意外事件（aircraft serious incident）：「指自任何人為飛航目的登上航空器時起，至所有人離開該航空器時止，發生於航空器運作中之事故，有造成航空器失事之虞者。」

航空器意外事件（Aircraft incident）：「指自任何人為飛航目的登上航空器時起，至所有人離開該航空器時止，於航空器運作中所發生除前二款以外之事故。」

二、依「飛航事故調查法」定義

飛航事故（aviation occurrence）：指自任何人為飛航目的登上航空器時起，至所有人員 開該航空器時止，於航空器運作中所發生之事故，而有下 情況之一者：(1)造成人員死亡或傷害；(2)使航空器遭受實質損害或失蹤；(3)有造成人員死亡、傷害或航空器實質損害之虞者。

以上的情況都是大家所不願意見到的。

客機除了發生空難／飛航事故外，最怕的是被蓄意的破壞。因為客機是不懷好意的有心分子最喜歡用來威脅的大目標，不論得逞與否，媒體一定報導，萬一發生任何事故，媒體更是大肆報導。以下的案例，提供讀者參考借鏡：

1.1987年11月29日，大韓航空KE858波音707型機由阿布達比飛曼谷航班，北韓為了破壞南韓1988年的奧運，派特務在該航機旅客

座椅上方的行李廂放置定時炸彈，特務中途轉機去巴林，放在行李廂的定時炸彈依計畫於九小時後在阿達曼海上空爆炸，飛機全毀，無人生還。

2.1986年4月2日，環球航空TW840羅馬飛雅典的波音727型機的座位上遭放置爆裂物，有四名乘客被吸出機外，飛機安全降落雅典。

所以爲確保航機不發生飛安事件，航空公司皆竭盡所能、兢兢業業、不敢有絲毫鬆懈，民用航空管理機關也頒布相關管理法規，要求航空公司澈底遵行。有關航空公司對於客艙組員的培養訓練與工作的要求，都是要圍繞客艙與航機的安全訂定。

第四節　做好航空器駕駛艙的安全防護

「民用航空法」第2條第十項所稱機長：「指由航空器所有人或使用人指派，於飛航時指揮並負航空器作業及安全責任之駕駛員。」同法第45條也規定，「航空器在飛航中，機長爲負責人，並得爲一切緊急處置。」機長是航機飛航安全的重要掌舵者，其工作的航空器駕駛艙是飛航組員駕駛航空器的重地，當然不容任何人的破壞。

然而飛機爲了飛航的準備以及上下客貨郵件的需要，必須停在機場，機上機下都必須有工作人員，有機務維修人員、加油人員、機內清潔人員、安全檢查人員、裝卸貨物行李人員、餐點裝卸人員、運務人員和航務人員等，這些人員雖然都有經過良民調查並領有機場通行證，但並不是有機場通行證就可以在機場管制區內到處跑，有機下工作通行證者，不一定就可以上飛機及進入機艙內。

進出航機要有管制，因航機作業需要進出航機的工作人員，皆需配戴當地機場單位發給或認可的有效通行證件，尤其是在非本公司基地的機場，很多工作都是委託代理公司代爲作業，人員難免良莠不齊，各航空公司必須格外注意。

飛機的駕駛艙

波音777-300ER的駕駛艙

圖片來源：長榮航空

　　在911恐怖攻擊之前，有些飛航組員為了讓旅客放心他們在駕駛艙的工作，搭乘飛機不難發現駕駛艙的門是開的，尤其是在歐洲的區域航線，甚至偶爾會發現有小朋友被邀請進入駕駛艙，也會有飛行員走出駕駛艙與乘客寒暄，或在機門向乘客致意的情景，讓旅客分享駕駛艙的情形，也讓旅客放心搭乘他們所駕駛的航機，建立同「機」共濟的情感。

　　但這樣的情景，在2001年9月11日恐怖攻擊事件發生之後已成為絕響。現今駕駛艙的艙門自911恐怖攻擊以後，民航機關不但規定不得隨意進出，航空法規還進一步規範駕駛艙門不但都要隨時上鎖，更要改裝成防彈材質。

　　「航空器飛航作業管理規則」第193條規範，「客運航空器之駕駛艙門，於飛航中應予關妥並上鎖。航空器使用人應提供方法使客艙組員於發現有礙飛航安全之干擾行為時能通知飛航組員。

　　飛航國際航線之客運航空器最大起飛重量超過四萬五千五百公斤，或載客座位數超過六十座（即現在台灣使用ATR型以上的客機），於中華民國九十二年十一月一日前，應裝置經民航局核准之駕駛艙門，其強

駕駛艙中的駕駛員

度應足以抵擋小型武器及手榴彈破片穿透及非許可人員之強力闖入。此門應能由任一駕駛員座椅上操作上鎖及解鎖。

　　裝置前項駕駛艙門之航空器，其駕駛艙門應於乘客登機完畢艙門關妥後至艙門開啓乘客下機前之期間，保持關妥及上鎖位置。但航空器使用人（其可進入駕駛艙之航空公司人員也要事先要取得民航局同意）或民航局許可進入駕駛艙之人員於需要進出時，不在此限（即持有民航局發的查核證）。

　　裝置第二項規定駕駛艙門之航空器，應有由任一駕駛員座椅上即可監看駕駛艙門外部情況之方法，以辨識欲進入駕駛艙之人員及察覺可疑行為與潛在威脅。」

911恐怖攻擊前的紐約世界貿易大樓
圖片來源：長榮航空提供

同規則第194條規範，「客運航空器之駕駛艙除經航空器使用人依規定允許之所屬人員及執行簽派任務人員外，其他人員不得進入。但經民航局核准者，不在此限。」

可見自911恐怖攻擊事件以後，各國民航主管機關對於維護航機駕駛艙安全之嚴謹。航空公司除了皆依法規規範改裝駕駛艙門外，並依法規規範的精神，規範客艙組員的詳細做法，如要求於組員聯合簡報由機長或副機長說明／提示進入駕駛艙安全程序。例如：要求駕駛艙門自旅客登機起至所有旅客離機止，保持關妥及上鎖，要求地勤人員因公進入駕駛艙前，須由客艙組員通報飛航組員同意後，始得按程序帶領進入駕駛艙，在航機起飛、降落階段，除了緊急狀況或緊急救護外，任何人員不得進出駕駛艙。

飛航組員的工作是在航空器駕駛艙內，為了讓飛航組員免於干擾，專心駕駛，駕駛艙不希望有不相干的人進入（航空公司或民航局許可進入之人員，不在此限），就算是有關人員必要的進入，也要依規定程序執行。但駕駛艙內的飛航組員也有生理需要，要上洗手間或用餐或依規定休息，會有離開駕駛艙的時候，如何保護飛航組員及監控駕駛艙的安全就落在客艙組員的身上，各航空公司除依照航空法規訂定規範外，各家公司都會加訂詳細的做法，各家做法或有不同，其目的是一樣的。

在客艙的客艙組員與在駕駛艙的飛航組員於整個航程中必須經常聯繫，特別是在客艙組員對客艙的情況掌握比在駕駛艙的飛航組員清楚。客艙如有發生異常情況，客艙組員應速依各航空公司的工作手冊規範報告機長，以便機長參考運用。所以前艙與後艙組員在航機上的工作是一體的，值得重視。

歷史告訴我們，航空器尤其是客機，是最容易被非法犯罪者利用的目標，挾持駕駛艙的駕駛員，強迫駕駛員飛往犯罪者要去的地方，或藉此恐嚇勒索。如果讓歹徒得逞，一定是國際媒體的頭條新聞，如有損傷，其災情也一定非常慘重，肯定引起相關政府的重視，並採取必要的措施。

　　第一次的劫機（hijack）是發生在1931年的祕魯，至今已發生約五十起劫機事件，有爲政治需求，有爲政治抱負，有爲宗教，有爲逃罪，也有爲錢財等目的。到現在最大的案件是蓋達組織在2001年9月11日劫持客機衝撞紐約世界貿易大樓的自殺式恐怖攻擊事件，造成2,700多人死亡的慘劇，迄今餘悸猶存，當然這是一種預謀也是密謀。我們要說明的是乘客搭機的機場的保安工作是越來越困難，你在明處，犯罪者在暗處，「道高一尺，魔高一丈」，防不勝防！但還是要防，因爲乘客都是無辜的。

　　劫機者要劫持飛機必須進入駕駛艙控制飛航組員，飛航組員不可能不戰而降，而且必須經過一番「奮鬥」，所以客艙組員要先守住駕駛艙艙門不被打開，儘快報告機長，讓機長採取必要的緊急處理（如緊急降落），這也是航空公司的第一希望。

　　911是一件自殺式劫持航空器的空前恐怖攻擊事件，震驚全球！也喚起各國政府加強反恐作爲的力度，嚴密機場的安全檢查，各航空公司也增強航機的安全管控，深怕被有心人有機可乘。

　　因此，前述「航空器飛航作業管理規則」第193 199條，對於航空保安另有規範。其中第193條就規範客運航空器之駕駛艙門，於飛航途中應予關妥並上鎖。航空公司應提供方法使客艙組員於發現有礙飛航安全之干擾行爲時能通知飛航組員。並對於飛航國際客機，載客座位數超過六十座，應裝置經民航局核准之駕駛艙門其強度足以抵擋小型武器及手榴彈破片穿透及非許可人員之強力闖入。且駕駛艙門應於乘客登機完畢艙門關妥後至艙門開啓乘客下機前之期間，要保持關妥及上鎖位置。

　　因此，航機有載運旅客時，駕駛艙門應隨時保持關閉上鎖，客艙組員要隨時監控駕駛艙門附近的情況，發現異常，應立刻通報駕駛艙。飛航組員與客艙組員有關駕駛艙進出的溝通暗號與方式，各航空公司或有一些差異（特別是遇上緊急特殊情況時的溝通），客艙組員須牢記在心。

NOTE.....

第10章

非法干擾行為之預防與處置

- 非法干擾之定義
- 劫持航空器（劫機）之預防與處置
- 爆裂物之預防與處置

 第一節　非法干擾行為之定義

依「民用航空保安管理辦法」第二條有關用詞定義，「非法干擾行為：指危及民用航空安全之下列行為或預備行為：

(一)非法劫持航空器

(二)毀壞使用中的航空器

(三)在航空器上或航空站內劫持人質。

(四)強行侵入航空器、航空站或航空設施場所。

(五)為犯罪目的將危險物品或危安物品置入航空器或航空站內。

(六)意圖致人死亡、重傷害或財產、環境之嚴重毀損，而利用使用中之航空器。

(七)傳遞不實訊息致危及飛航中或停放地面上之航空器、航空站或航空設施場所之乘客、組員、地面工作人員或公眾之安全。

以上非法干擾行為中，連可能只會引起「寧可信其有，不可信其無」的最不具殺傷力的「傳遞不實訊息」的行為都是違法，航空公司也都有處理程序。其他會造成傷害的不法行為，各航空公司也均依據國家民用航空保安計畫，擬訂其航空保安計畫，報請民航局核定（後）實施。以為航空公司辦理之依據。

以下案例雖然是惡作劇，結果也沒有真正造成危害，但都已經觸法，還是要經過調查程序，甚至罰款，不僅可以提供搭機乘客體會這種玩笑開不得，也值得客艙組員提高警覺，寧可信其有，依規定程序報告，以便依法處理，確保飛航安全。

2011年11月10日，華航由北京飛台北航班上因有乘客不滿航班延誤，登機後竟向在客艙服務的客艙組員謊稱所攜帶行李內有炸彈，雖然乘客事後表示開玩笑，但基於安全的理由，華航仍依相關規定報請安全單位，對飛機載運行李重新進行安檢，飛機經當地主管機關證實安全無

為了飛航安全，託運行李必須經過秤重及X光機檢查

虞後才起飛，乘客平安抵台。同航班一名乘客私下透漏，當時該乘客看見公安要將他帶走，他當場傻眼，不斷地告訴公安：「開玩笑的」，終究還是被北京航警局留置偵訊（台灣電視新聞報導，2011/11/4）。

　　2012年3月22日新聞報導，桃園機場一名美籍岳姓女乘客昨（2012/3/21）欲搭中國國際航空航班前往成都探親，在辦理登機報到時，地勤人員詢問託運行李是否有放違禁品？岳女竟向同行友人說：「難道有炸彈嗎？」華航地勤人員向警方說，他依慣例問行李是否有違禁品時，該女乘客說「行李有炸彈」，當時他曾連續向該乘客說這不是開玩笑的，違法是要法辦的，而且還向她說了三次，這時岳女才改口說是玩笑話，為安全起見才報警處理，訊後女子被依違反民用航空法移送法辦。

行李中不得攜帶違禁品

　　嘉義縣竹崎分局接獲阿里山崧閣餐廳通報，指有名男性外籍人士交紙條給櫃檯，內容疑似要約另一名女性友人，武裝扮演炸彈客炸飛機及機場，飯店人員嚇得通報警方。警方趕往阿里山公路番路鄉觸口路段攔截，帶回竹崎偵查隊偵訊。檢方晚間複訊後，初步認定兩人是情侶關係，互開玩笑，諭知請回。

　　警方調查，上午8時30分，發現外籍男士將一封信委託櫃檯楊姓員工轉交另一名外籍女性，楊姓員工好奇看字條內容，但都是原文，她將其拍照放在臉書上請教友人，友人一看上面有炸彈字句，楊嚇得趕快向警方報案。

　　警方指出，兩人是美國籍的美國海軍陸戰隊現役軍人，因字條內容有「炸彈客、炸飛機」等字眼，偵訊後以違反恐嚇公共安全轉送嘉義地檢署調查。進一步偵訊，目前沒有查獲其他危險品，諭知請回。不排除該二人是出於開玩笑，玩角色扮演遊戲，才書寫該字條（《蘋果日報》

即時新聞，2015/9/7）。

　　以上案例是玩笑也好，是謊稱也罷，都已經構成違反民航有關法規，都要法辦，足見保護航機安全的決心。

　　「航空器飛航作業管理規則」第193條使用「有礙飛航安全之干擾行為」的詞句，而「民用航空保安管理辦法」第2條之用詞定義使用「非法干擾行為」，雖然文詞上略有差異，但都與航機及乘客的安全有關，值得航空公司注意。

第二節　劫持航空器（劫機）之預防與處置

　　有關保證航機安全飛航，如果是航空公司本身的問題，容易解決，不成問題，頭痛的是外來的干擾，特別是企圖劫機者，不只是航空公司難防，機場安全單位也是戰戰兢兢，而且都處於被動，在處理上有一定的難度，可是航空公司不能不做，而且將劫機列入干擾行為之首。

一、用嚴法遏止企圖劫機犯

　　國際上為防止及制裁劫機者有1944年的「芝加哥公約」；1963年簽訂的「航空器上所犯罪行及若干其他行為公約」，通稱為「東京公約」（Tokyo Convention）（確認劫機行為的管轄權及劫機發生時機長的權力）；1970年的「海牙公約」（Hague Convention）（制止非法劫持航空器）；1971年的「蒙特婁公約」（Montreal Convention）（制止危害民航安全之違法行為）；1988年的「蒙特婁議定書」（Montreal Protocol）（遏止民用國際機場非法之暴力行為）等。

　　1970年國際民航組織（ICAO）成立航空保安諮詢委員會，於1971年開始編撰第一版ICAO航空保安手冊，並於1978年由美國、加拿大、

英國、法國、西德、日本及義大利在波昂簽訂反劫機宣言，1996年完成ICAO航空保安手冊第五版發行，1999年建立託運行李的安全檢查掃描（checked baggage screening），於2010年在北京召開的國際民航組織國際航空保安公約外交大會，通過2010年「北京公約」及「北京議定書」，針對航空運輸業構成威脅的犯罪行為給予刑事認罪，以確保國際航空運輸的安全。以上主要是反恐的作為。

國際民航組織（ICAO）為了過止非法干擾行為的發生，在2010年11月17日再對「國際民用航空公約」17號附件中之國際民用航空非法干擾之防制有再做修正，並於2011年7月1日生效。對於非法干擾行為的定義解釋增加舉例項目，如非法劫持航空器破壞使用中的航空器，利用使用中的航空器作為致人死亡、重傷或財產環境毀損。及要求航管服務提供者應建立並執行符合國家民航保安計畫之保安措施等更詳細的航空保安規定。

在台灣早於2008年依據「民用航空法」第47-5條規定頒布「民用航空保安管理辦法」，對於非法干擾行為、危安物品以及清艙、保安、安

旅客需經過金屬探測檢查才能登機

全等檢查都有詳細的規定，並要求在機場營運的機場公司、航空站、航空公司、航空站地勤業、空廚業、航空貨運承攬業、航空貨運倉儲業等業者，要提出民用航空保安計畫送相關單位。也根據「國家安全法施行細則」訂定「台灣地區民航機場安全檢查作業規定」，對出境、入境及境內航行之航空器及其載運之人員與物品，以及進出民航機場管制區人員車輛與物品實施檢查，給予政府公安單位提供執行的依據。亦即說明台灣有關機場的安全檢查與保安工作是由警察單位負責，雖已改由於2015年8月成立的桃園機場保全公司負責，還是與桃園機場公司一樣，仍是國營公司。目前仍有由所在國的警察或公安單位負責機場的安全檢查及航空保安的國家（蘇宏義，2015）。

二、「民用航空法」對非法干擾行為之罰則

台灣「民用航空法」對非法干擾行為之罰則如下：

第100條「以強暴、脅迫或其他方法劫持航空器者，處死刑、無期徒刑或七年以上有期徒刑。」

第101條「以強暴、脅迫或其他方法危害飛航安全或其設施者，處七年以下有期徒刑、拘役或新台幣二十一萬元以下罰金。因而致航空器或其他設施毀損者，處三年以上十年以下有期徒刑。因而致人於死者，處死刑、無期徒刑或十年以上有期徒刑；致重傷者，處五年以上十二年以下有期徒刑。」

可見非法干擾行為是國際上與民用航空法所不容許的（尤其是劫持航空器），都有嚴重的罰則，客艙組員不可不知。

三、客艙組員（組員）應有的訓練與作為

(一)法規的要求

　　依據「民用航空法」第45條規定，「航空器在飛航中，機長為負責人，並得為一切緊急處置。」依據「航空器飛航作業管理規則」第3條規定，「飛航中遇有危及航空器或人員安全之緊急情況發生時，機長得為一切緊急處置。如該緊急處置違反當地國家有關法令規章時，機長除應立即通知當地主管機關外，並應於二十四小時內通知民航局。」此規定係法律授予機長在遇上非法干擾情況之處置權力。至於機長的應變，則遵照各航空公司依照「民用航空保安管理辦法」第4條第十四款規範，所訂定包括非法干擾行為（含非法劫持航空器）的航空保安計畫之緊急應變計畫，進行處置。

　　依據「航空器飛航作業管理規則」第196條規範：「航空器使用人應訓練組員能於有礙飛航安全之干擾行為發生時，所應採取之適當行動。

對於非法干擾行為，航空公司有其處理程序

航空器使用人應訂定訓練計畫，使相關工作人員熟知預防措施及技巧，處理航空器載運之乘客、行李、貨物、郵件、裝備、商品及供應品遇有任何破壞或其他有礙飛航安全行為時之突發狀況。

前項訓練計畫至少應符合下列規定：

一、判斷任何事件之嚴重性。

二、組員通訊及協調。

三、適當之自衛反應。

四、使用經民航局核准供組員使用之非致命性保護性裝備。

五、瞭解恐怖分子行為，以加強組員對劫機者行為及乘客反映之能力。

六、模擬不同威脅狀況實況演練。

七、保護航空器之駕駛艙程序。

八、搜尋可疑爆炸物程序及航空器上炸彈爆炸最低危害位置資料。」

以上法規規範的目的就是要航空公司制定手冊，並施予組員的訓練，以維飛安。

(二)航空公司的做法

當客艙組員發現可疑劫機者時，不論在航行中或是在地面上，應速依照上述的航空保安計畫之緊急應變計畫，立即設法通報駕駛艙飛航組員，駕駛艙飛航組員並運用所有可能的方式，通知空中交通飛航管制單位，或自己公司飛航管制單位（Flight Control Department, FCD），或當地航空保安主管機關。客艙組員並儘量蒐集劫機者類型特徵、人數、武器等資料。若飛航組員已遭挾持，組員更要冷靜因應。

儘管國際公約以及台灣「民用航空法」對劫機行為都有立法防制，也有對劫機者處以重罰的法律規定，而且會判重刑，但鋌而走險的非法分子可能還在等待機會，難怪各國在反恐作為上都投入不少人力和物

力，深怕911事件重演，航空公司更不能掉以輕心。

因此，客艙組員對於上機乘客在致歡迎登機的同時，要留意乘客的神情，如對乘客所攜帶隨身行李的擺放有所存疑，則應繼續跟蹤瞭解並往上報。客艙組員對於登機後離開飛機未再登機，或已辦妥報到手續但未登機且有託運行李的旅客，其隨身或託運行李都必須清除卸下，另行處理。因找尋該行李而造成航班的延誤，乘客都是可以理解的。

其他乘客干擾情況較輕者，例如：

依據「航空器飛航作業管理規則」第49條，航空器自關閉艙門並經航空器上工作人員宣布禁止使用時起至開啟艙門止，為避免航空器之飛航或通訊器材遭受干擾，除助聽器、心律調整器、電鬍刀或航空器使用人廣播允許使用之電子裝備外，所有個人攜帶之電子裝備均不得使用。

同規則第50條，「航空人員、航空器上工作人員或乘客於航空器內吸菸者，機長應報請內政部警政署航空警察局依本法第一百十九條之二規定處理。」及第51條，「任何人於航空器內不得飲用酒精性飲料。但該飲料係由航空器使用人於餐飲服務時所提供者，不在此限。」不勝酒力之鬧酒行為，都是違法的騷擾行為，客艙組員要有認知，航空公司也會依法處理。

因為客機是以載運旅客為主，旅客來自四面八方，有脾氣暴躁的乘客不滿客艙組員的服務而鬧事的，有喜歡喝酒但酒品不好的，有老菸槍偷偷到洗手間抽菸的，也有航機因乘客機上鬧事折返原出發站的，發生的頻率不低。雖然有以上法規對乘客的行為加以規範，但客艙組員有難言之隱或執行不力的情形，不勝枚舉。「大事不犯，小事不斷」的乘客不少，因而法辦者，時有所聞。

「民用航空法」第119-2條規範，「於航空器上有下列情事之一者，處新台幣一萬元以上五萬元以下罰鍰：

一、不遵守機長為維護航空器上秩序及安全之指示。

二、使用含酒精飲料或藥物，致危害航空器上秩序。

三、於航空器廁所外之區域吸菸。

四、擅自阻絕偵菸器或無故操作其他安全裝置。」

有關前述所規範較輕罰鍰之情事，其行為狀況的處理，航空公司會在客艙組員手冊制定相關作業程序，客艙組員不但必須牢記，也要提高警覺，留意疑似酒醉、情緒不穩、吸菸、爭吵及有礙客艙秩序嫌疑等乘客的狀態，預防不再擴大，並隨時回報事務長，由事務長回報機長，如事態擴大，機長視事件的嚴重與否，決定是否轉降，交由當地航空保安主管機關處理。

下面四則報導，雖非嚴重如劫機，但也展示機長為了航機安全所下的苦心，值得讀者參考。

《蘋果日報》2015年8月21日報導，前一天一架加拿大航空AC32由北京飛往多倫多航班，驚傳因為有旅客在機上疑似欲性侵女性空服員（鬧事），導致航班起飛兩個多小時後被迫折返北京，肇事者落地後被捕，延誤大家六個小時的寶貴時間。該版同時提到去年12月由曼谷飛往南京的亞洲航空公司航班，也因有旅客不滿客艙組員的服務態度，將整碗泡麵與熱水潑在客艙組員身上，且謾罵恐嚇威脅，導致該航班折返曼谷的消息。

*　　　　　*　　　　　*

美國《紐約每日新聞》報導，50歲前委內瑞拉小姐X小姐，本週被控於2013年6月乘坐美國聯合航空頭等艙，從休士頓飛哥倫比亞波哥大時，因空服員沒有給她枕頭，便攻擊辱罵空服員，最終被一名休假警員用膠束帶銬住，班機也被迫返回休士頓，該名員警在出庭作證時表示，她明顯聞到X小姐身上有酒味，她本週被控襲擊與干擾空服員（《蘋果日報》，2015/10/1）。

*　　　　　*　　　　　*

　　《世界日報》報導，2015年9月14日17：45，美國航空公司一架從邁阿密飛往芝加哥的航班上，因爲有位女乘客情緒不穩，行爲怪異，一上機就尖叫，就座後又猛踢前座座椅，遭前座乘客抗議不理還出手打人，客艙組員請她到機尾，試圖安撫，可是突然抓著該組員親吻後竟再給一拳，雖經機長透過機上對講機，請機上壯漢旅客協助未果，機長乃決定中途降落印第安納波里斯機場，交由機場警察處理（《聯合新聞網》，2015/9/17）。

＊　　　　　＊　　　　　＊

　　《紐約每日新聞》報導，美國甘迺迪機場前天（26日）拘留一名在機上對睡著女乘客私處擦護手乳的男子。受害女子當時搭乘阿聯酋航空，她向警方表示，自己登機後吃了抗焦慮藥開始昏睡，醒來後42歲男子古拉西（Quraishi）問她睡得好嗎？接著她發現自己的手臂、胸部、大腿都是乳液，隨身護手乳也不翼而飛。她到廁所清理時，更發現內褲上全部都是乳液，古拉西告訴空服員說，他認爲女人需要護手霜，因爲她看起來很享受，沒有反抗。古拉西被控未經同意性接觸，並以五萬美元交保（《蘋果日報》，2015/10/8）。

　　讓人納悶的是，以上乘客的干擾案件中有兩件是有酒意的乘客，客艙組員已知乘客於登機時已有醉意，何以未阻止搭機？是疏忽還是不知情？又，男乘客對女乘客身上擦乳液的時間不可能很短，客艙組員竟然都沒有發現情況不正常？

四、客艙組員對滋擾乘客應採取的做法

　　客艙組員在客艙服務中最常見也最擔心遇到的恐怕是滋擾乘客（unruly passenger），而且這種乘客常常出現，幾乎每家航空公司都有。就民航法規而言，這種乘客是已經違法，但罰則不重，依「民用航

154

空法」第119-2條規定，只有處新台幣一萬元以上五萬元以下罰鍰，難以嚇阻。以致客艙組員只能先觀察後續的發展情況，再依各航空公司的教戰守則因應。

此種乘客有一登機就向歡迎登機的客艙組員開罵，有因登機前已經喝酒而且有醉意，有因登機前已經不滿航空公司櫃檯人員加收其超重行李費、不滿貴賓室服務、不滿航班延誤、不滿登機閘口的登機順序，或想交女性客艙組員不成而惱羞成怒等，此時客艙組員不能掉以輕心，要留意就座以後的情況。如果乘客就座後就恢復正常算幸運，如果乘客就座後碎碎念，影響鄰座乘客的安寧，但經勸說後已平靜者，也算還不錯了。

霸機已成歷史，但仍需謹慎

90年代在台灣流行的霸機，為霸機的發源地，且風行一時，曾經一年內發生多起，還引起國外的仿效及美國的關切。霸機的起因有由於航班未能按時起飛，有旅客不滿航空公司的服務。不論誰是誰非，僵持的結果對雙方都不利，民航主管機關認為此風不可長，乃用法律來約束，澈底解決。

所幸台灣不久增修「民用航空法」第47條，規定「乘客於運送中或於運送完成後，與航空器運送人發生糾紛者，民航局應協助調處之。乘客於調處時，受航空器運送人退去之要求，而仍留滯於航空器中者，航空器運送人經民航局同意，得請求航空警察局勸導或強制乘客離開航空器。」

霸機雖與飛安無直接關係，也不是劫機，但與飛航秩序有關，是乘客到了目的地還在飛機上不下機的行動，會影響航空公司飛機的正常調度，間接也會影響下一航班的旅客，甚至影響飛機該有的檢修。還好霸機似乎已成為歷史名詞。

　　如果乘客是違反民航法規，如吸菸、不當使用電子產品、不理會繫妥安全帶的指示燈、酗酒鬧事等情況，則必須予以勸導，若不聽規勸，客艙組員則先給予警告函（航空公司都有現成的而且是有多種語言），如仍無法控制，有航空公司會採取對乘客的行動約束，機長也會看情況決定是否中途請求緊急降落適當的機場，交由當地警察機關處理，以便航機繼續飛往目的地。

　　類似上述機長對乘客干擾行為的處置，航空公司應依「航空器飛航作業管理規則」第197條規範，「機長於不當干擾行為發生並採取處置行為後，應向民航局及發生地之相關主管機關提出報告。」處理。

第三節　爆裂物之預防與處置

一、法規的規範

　　蓄意劫機者不可能赤手空拳（如果只有傳遞紙條的威脅，雖不足為懼，但也是犯法，也要報請處理）；從歷史資料得知，劫機者攜帶具有殺傷力武器的可能性相當高，如果是爆裂物如定時炸彈，劫機者都會在爆炸前先行下機（少有不法者不珍惜自己的生命，會與飛機共存亡，像911自殺式敢死的劫機者是空前）。

　　爆裂物為會爆炸的化學物品，與生化武器（無味無臭）的化學物品，安檢儀器難以查驗，比較容易通過安全檢查，但萬一疏漏，被矇混攜帶上機，只有靠客艙組員的受訓心得與靈敏的判斷，再依各航空公司所訂定的危險品處理程序處理。

　　為防止航空器受爆裂物的威脅，台灣於2008年2月25日訂定發布「民用航空保安管理辦法」，並於2012年7月4日修正發布第2條、7條、9-12條、第23條、第23-1條。用法律來保障機場及航空器的安全。

行李安全檢查的X光儀器

該辦法有關對爆裂物的預防與處理規定條文如下：

第13條：「航空器所有人或使用人應防止乘客下機時，將其個人物品留置於客艙內。」

所以航空公司（客艙組員）於乘客全部下機時，要檢查客艙內的乘客座位上下、行李廂、置物櫃、衣帽間、洗手間乃至於廚房等所有空間，有無乘客遺留的物品，以防止乘客可能留下的危險或爆裂物品，並予以及時處理。

以下的報導，值得參考，也證明恐怖分子無孔不入，防制客機上爆裂物的重要。

中央社8日綜合外電報導，調查俄羅斯班機在埃及墜毀的人員告訴路透社調查團，90%確定駕駛艙紀錄器最後錄下的聲音是炸彈引發的爆炸。……在埃及西奈半島與安全部隊作戰的伊斯蘭國（IS）好戰分子表示，是他們造成這架空中巴士A321客機墜毀。……西方國家懷疑好戰分子在機上安裝炸彈（《中華日報》，2015/11/09）。

　　無論眞相如何，這架客機的墜毀是有其奇怪的原因。

　　另一件虛驚消息，《蘋果日報》2015年11月9日報導，桃園機場航警局今天凌晨接獲通報，從澳門抵台的客機內竟有一只木箱寫著「爆裂紋」字樣，航警驚訝發現共有兩個木箱，擔心內部裝有爆裂物，立即啓動防爆機制，通知防爆人員處理。所幸第一時間沒有發現爆裂物的懸浮粒子，先將兩個木箱拖到外機坪拆箱檢視，才發現木箱內載運的是喬丹「爆裂紋」球鞋的專屬鞋盒，也證明只是一場虛驚。

　　第14條：「航空器所有人或使用人發現於乘客管制區範圍內，已通過及未通過安全檢查之乘客有混雜或接觸之情形時，應要求乘客及其手提行李於登機前，再經航警局安全檢查。」

　　機場安全檢查單位爲防止乘客的手提行李有危險或爆裂物，均要求乘客於登機前經過安全檢查，有關登機前安全檢查的時機，則以X光機設置的位置而定；有機場的X光機設置在乘客的登機閘口，有設置在移民局查驗櫃檯之前。如果X光機設在乘客的登機閘口，就沒有已通過及未通過安全檢查之乘客有混雜或接觸之情形（可是安檢單位必須在候機

隨身行李也要經過X光機檢查

樓的每一個登機閘口都要投資及需要更多的安全檢查人員——桃園機場第二航廈曾經如此設置）。如果X光機的位置是在後者，則航空公司應要求乘客及其手提行李於登機前，再經航警局安全檢查。問題是：航空公司的機場運務人員要有航空安全的文化素養與觀念才不會疏漏。

第15條：「航空器所有人或使用人應防止任何人進入作業中之報到櫃檯。航空器所有人或使用人對保管或作業中之機票、登機證、行李條及乘客搭機文件，應隨時防止被盜用。」

大部分航空公司機場乘客報到櫃檯（check-in counter）是設在機場出境大廳的公共區域，除了要搭機的乘客，還有送機的人、旅行社，甚至還有黃牛。乘客報到櫃檯的高度是有阻隔的作用，不是任何人可以隨便翻越，也因為是電子機票，乘客報到時只要出示證件即可，航空公司就會當面交給乘客登機證，乘客如有託運行李，航空公司會將行李收據黏貼於登機證，當面交予乘客。

有些機場的做法並非如此自由，管制嚴謹，禁止非搭機旅客進入機場出境大廳，只許乘客進入，以便到航空公司旅客報到櫃檯辦理報到。

旅客到櫃檯辦理報到與登機手續

此種措施可以減少前述之顧慮，但畢竟還不是管制區。也有些機場將航空公司的旅客報到櫃檯設置在過安全檢查以後的管制區，亦即讓搭機的乘客先經過安全檢查（人與物品）後，才到航空公司旅客報到櫃檯辦理報到與登機。

以上有關機場的做法，也是為了防止非法，航空公司只有配合。

二、對爆裂物的訓練與處理

依「航空器飛航作業管理規則」第195條規範，「航空器使用人應依相關爆炸物處理手冊訂定搜尋可疑爆炸物之檢查表隨機備用。檢查表應包括航空器爆炸最低危害位置資料。」航空公司應依相關爆炸物處理手冊訂定搜尋可疑爆炸物之檢查表（附錄二）隨機使用。檢查表應包括航空器最低危害位置資料。爆炸物是危險物品，航空公司要遵照民航單位有關危險物品的運送規定，對於乘客不能攜帶上飛機的物品也都訂有標準，並公告在機場航空公司櫃檯。

並依第197條「機長於不當干擾行為發生並採取處置行為後，應向民航局及發生地之相關主管機關提出報告。」

以上各條的規定，航空公司都制定有詳細的標準作業程序與演練，並要求其員工一體遵行。只要知道是爆裂物，是何種爆裂物，處理上就有方向，如何知道是爆裂物品，就要靠教育訓練（有關危險物品的標誌，請上IATA網站查詢）。

第11章

客艙的清艙檢查

- 清艙的範疇
- 保障飛安的清艙作為
- 對進出航空器之人員的管制與監控
- 認識危險品及參加危險品訓練

從歷史紀錄來看,科技越進步,蓄意的破壞得逞的可能性越高。為了保障航空器不被蓄意的破壞與無心之過造成傷害,所有航機載運的人與物,包括所有乘客、機組人員,所有行李、貨物在登機與裝機前,以及航機的貨艙、客艙、駕駛艙、組員休息室、廚房、洗手間、衣物間和儲物間等航空器上的所有空間,都要進行安全的檢查,以防不法,確保航機安全。

第一節　清艙的範疇

在航空運輸業界所指的「清艙」有三種情況,一是在營業銷售上就已經訂位但仍在保留期限尚未購票的旅客,航空公司由訂位人員進行已訂位機位的追蹤清理,此一行為,在航空市場運作上也叫做清艙,與航機安全無關;二是保安的清艙,由保安單位執行;三是一般人士認知的飛機客艙內的「清潔」(cleaning),有關此純機艙內部的清潔工作,

客艙須進行清艙檢查

航空公司在少部分的場站（尤其是自己的基地機場）是自己做以外，大部分的清潔工作是委託當地的機場地勤代理公司（Ground Handling Agent, GHA）承作（特別是在國外場站）。

不過，如果遇到航班晚到，要縮短停靠站的時間時，一般航空公司都會協調機場地勤代理公司加派人力，或要求在機上的客艙服務員幫忙，最好不要發生如2014年5月5日台灣《蘋果日報》所報導，有航空公司對遲到航班的經濟艙，採取不換座椅頭巾、不擦拭餐桌、不吸地板的試辦，經消費者反應後，該公司從善如流，馬上取消試辦，恢復正常，值得讚揚。

航空公司對於航機客艙的「清潔檢查工作」，均由客艙組員執行。檢查的項目包括：客艙座椅等裝備、牆壁天花板、洗手間及其應有備品的擺放、廚房地板及洗滌設備與垃圾袋。還有廚房、衣櫥、盥洗室、乳液、香水、肥皂、枕頭、頭巾、毯子、安全帶、餐桌、救護箱、耳機、雜誌袋內安全須知卡（要面對乘客放置）及嘔吐袋的整理等。

一、小心處理旅客遺留物

飛機乘客五花八門，有老有小，有好人也有壞人。乘客遺留物品在機上時有所聞，但是此種未帶下機的物品究竟是旅客遺失或是拋棄或是故意「忘記」的可疑物品？在飛機抵達乘客下機後，因空服員未仔細檢查，而清理工作人員為了求快（尤其是過境的航班，航空公司都會趕時間），在客艙的清理過程中會有疏忽的時候。曾經有位乘客向筆者訴苦，她只要出遠門就必須帶著居家用的枕頭，否則會睡不著，可能是經過長途飛行勞累，於抵達目的地時竟忘記帶下機，不巧的是，已被視為丟棄物品，將之送往焚化（機上清理的廢棄物品都要焚化）。如果是爆裂物，問題就大了。

客艙組員執行清艙檢查

　　以下是一則與機上客艙的清潔有關的報導，值得航空公司與客艙組員參考：

　　2015年9月8日《每日郵報》報導，一般人認為飛機上的廁所是最髒的地方，但其實不然。近日有國外網站調查發現，飛機上最髒的地方不是廁所，而是椅背餐桌板。根據CNN報導，Travelmath.com網站請來美國微生物學家調查，分別從5座機場和4個航班抽取樣本，檢測含菌量。測量結果顯示，飛機上餐桌板含有2,155菌落形成單位（CFU），而飲水機按鈕為1,240單位，冷氣通風口是285單位，相較之下，廁所沖水按鈕只有265單位，廁所門鎖是70單位。調查結果出乎意料。

二、確認洗手間的各項設備

　　洗手間又稱盥洗室，是人類的生理需求必會使用的設備，航機上不能沒有，只是數量的多寡與大小的不同。由於洗手間使用與否都是處於

客艙組員應維持洗手間的清潔
圖片來源：長榮航空

關閉狀態，比較容易藏汙納垢，客艙組員要經常巡視，發現不尋常的占用時，就要處理。

　　遇有緊急撤離，客艙組員必須查看是否有人（燈號有時不準確）。自從航機上禁止吸菸以後，會有乘客到洗手間抽菸，實際上洗手間是裝有煙霧偵測器。其他如馬桶、洗手槽、垃圾桶及活動物品等都要檢查。

　　洗手間清潔維護的重要程度對乘客而言是高於廚房，更甚於視聽、娛樂系統，尤其是長途的航班。

　　機上服務好的航空公司會要求客艙組員在旅客用完盥洗室後要去檢查並洗刷乾淨，以方便下一位乘客使用。經常搭機旅行的客人也會發現，仍有航空公司可能是因人力問題，沒有要求客艙組員要常常去檢查盥洗室，而部分乘客使用盥洗室的習慣不佳，洗完手後未將弄髒的洗手槽擦拭乾淨，亂丟髒物阻塞馬桶等情況仍時有所見。

機上的排泄物是留在航機腹艙！

對機上馬桶廢水的處理，早期在飛機上的盥洗排泄物都是排放在機艙下的廢汙水桶，到達目的地後將桶卸下換上空桶，卸下的汙水桶則交給機場汙水處理。不過，比較小的機場並不是都有足夠的汙水處理能量，航空公司可能不被允許卸除廢水，要求要原機帶回。而現今在機上的汙水排泄物是在航機停機時，由機艙外用管子直接吸出，裝到廢水車，不需卸下；與早期的火車上洗手間的排泄物是直接排出在車外的鐵軌上不同（所以早期搭乘鐵路不准在火車靠站時使用廁所，且鐵路路線都在人煙稀少的郊外）。但可能是因為受過去在火車上使用的聯想，曾有台灣媒體質疑農作物的枯黃是因為飛機上盥洗室排出來的汙物所致，真是令人啼笑皆非！

三、小動物最難處理，老鼠更不能忽視

飛機是要載運旅客與貨物的，必須停在機場方便上下旅客與貨物、行李，開啟機艙門也是必要的，只要機艙門一開，有蒼蠅、蚊子的停機坪，就會有蒼蠅、蚊子飛進艙內的可能。消滅機艙內的蒼蠅、蚊子看似小事，做起來並不容易。機艙內有蒼蠅蚊蟲，是航空公司的恥辱。

老鼠尤其難纏，雖然老鼠跑進飛機機艙的機率不高，還是小心為上。2014年8月7日《新生報》報導，印度航空（Air India）在前一日的航班上發現機艙內有老鼠出沒，機長為了飛安而中途迫降的情形（因為老鼠會咬機上電線釀成災害），無論是否與機艙內的清艙有關，航空公司都應該引以為戒。

第二節　保障飛安的清艙作為

一、航機不容破壞！

　　前一節的清艙是航空公司為了給予乘客一個安全與舒適的搭乘環境，在每一航段（leg/sector）的起飛前與結束後，對飛機的客艙空間所做的清潔。有關旅客看不到的客艙安全設備的檢查工作才是民航法規規範的清艙重點，此「安全清艙」工作，才與航機飛航安全有關。

　　「民用航空保安管理辦法」第2條第八項所稱清艙檢查：「指對航空器客艙及貨艙所作之檢查，以發現可疑物品、危險物品或危安物品。」

　　同法第8條：「航空器所有人或使用人應於航空器飛航前，實施清艙檢查或保安搜查。

清艙檢查的重點之一是行李廂有無遺留物品

航警局於下列情形或必要時，得對航空器實施清艙檢查或保安搜查，並於實施前，通知航空器所有人或使用人：

一、接獲非法干擾行為之情資。

二、有其他治安或飛航安全之顧慮。」

至於上述「民用航空保安管理辦法」第2條第十項所稱安全檢查：「指為辨認或偵測從事非法干擾行為之危險物品或危安物品，所運用之科技或其他手段。」

這種安全檢查工作就非航空公司的權限與職責，是機場的安檢單位對乘客、行李、貨物所做的安全檢查。航空公司本身也要依法對自己飛航之航機做安全的清艙檢查，如對物品有懷疑，則要報請權責單位處理，共同確保航機的安全與防止被蓄意破壞。

航空器是航空公司的生財器具，客機所載運的是有生命的旅客，不只民航機關重視，航空公司也不能等閒視之，難怪有航空公司的創辦人在籌辦時曾經說過：「飛機不比輪船，失事就馬上掉下來，不會像輪船可以飄浮水面，飛機一定要百分之百的安全。」這是相當有智慧與遠見的話。但是航空公司除了注意加強機務維修與飛行管理之外，還要運用各種方法，來有效保護航空器免於非法干擾與被蓄意破壞。所以除了機場管理單位要做好機場的安全管制外，航空公司的安檢單位也要做好自己航機的清艙檢查。

以下三則新聞是安全清艙檢查工作未落實的例子，值得相關人員警惕（蘇宏義，2015）：

2012年10月22日，華航CI004台北飛舊金山，載了一名前一天搭乘CI504從上海飛台北的旅客，他喬裝成機上清潔人員，躲進空勤組員休息室內的電子設備間，逃過清潔人員、客艙組員及保安人員的檢查，到達目的地舊金山時，被發現是持假護照又無機票的偷渡客。

*　　　　　*　　　　　*

2013年1月29日大陸新聞中心報導，旅客在休斯頓轉機睡著未下機卻被反鎖在機艙內，這也是清艙工作未落實的結果。如果是有心人留下爆裂物，其後果將不堪設想！

＊　　　　　　　＊　　　　　　　＊

　　2013年3月27日，有三位沒有美國簽證的女偷渡客躲在韓亞航波音747-400型飛機的後艙組員休息夾層超過三十幾個小時沒被發現，這架飛機先飛了仁川—香港—仁川，隔日又飛仁川—東京—仁川—洛杉磯。這三位偷渡客是到美國時被美國海關發現的。

　　有些機場為了航機的安全考量，對中途停靠加油的航班，也要求所有機上旅客連手提的行李也要帶下飛機，到航站過境室休息。旅客再登機時，也是比照出境的程序，要再經過安全檢查。機艙內部則要執行安全檢查與清潔整理。

　　依據「航空器飛航作業管理規則」第198條規定，「航空器使用人應於航空器起飛前及降落後，執行客艙內之安全檢查，如發現可疑物，應向當地民航主管機關報告。航空器使用人應於貨物、行李、乘客經安全檢查後，始得裝載於航空器。」

　　同規則第188條第三項規範，「乘客登機與離機時，航空器使用人應留置符合該條第一項規定之客艙組員於客艙內執行安全相關事宜。」

　　也就是說，該航班依照規範所派遣的全部客艙組員，都要留在客艙內協助乘客於登機時所攜帶的隨身行李的放置，以及留意下機時乘客有無遺忘或留置的物品，以便作必要的處置。不要認為任務已經完成，就放下心防。尤其自911恐怖攻擊以後，國際恐怖組織仍然猖獗，最近又有疑似炸彈攻擊的空難，以及比利時布魯塞爾國際機場和土耳其伊斯坦堡阿塔圖克國際機場的炸彈攻擊，客艙組員更要隨時提高警覺。

旅客登機前隨身行李需經X光機檢查

鞭炮屬危險品,禁止攜帶上航機

　　2015年10月26日《蘋果日報》報導,一名將嫁作人婦的準新娘,依金門當地習俗,要將祭拜過祖先的鞭炮等物品帶回男方家施放,以完成訂婚儀式,2015年10月20日她帶著鞭炮搭機,下機時遺忘在航機置物櫃內,客艙組員發現後報警,準新娘被依民航法開罰兩萬元,也創下國內攜鞭炮遭開罰的首例。

　　有關安全清艙的工作,除了應依據「民用航空保安管理辦法」第2條第八項的「清艙檢查」規範,執行「清艙檢查」工作外,航空公司也要依據同法第4條之相關規定,擬訂航空保安計畫,報請民航局核定後實施。變更時,亦同。

該條又規定各航空公司的保安計畫應包括：……三、保安政策及組織。四、乘客及其手提行李之保安。五、乘客託運行李之保安。六、組員及其手提行李與託運行李之保安。七、乘客與託運行李之一致性。八、航空器之保安。九、空廚餐飲及侍應品之保安。十、航空器清潔工作之保安。……十四、非法干擾行為之緊急應變計畫。……

　　前項第四款乘客及其手提行李之保安，應包括確保被戒護人運送時，不致產生安全顧慮之適當措施及程序。

　　所以有關客艙組員的工作手冊內容，航空公司要遵照法規規範的原則制定外，還會根據本身的航空保安政策與所使用航空器的種類再增訂作業細節。

二、客艙組員要先登機執行各項準備及安全檢查工作

　　客艙組員自完成機場登機程序後，也要在航站的登機閘口集合等候機場地勤人員的引導（地勤人員比客艙組員早在航機上工作）才可以登機。

　　當客艙組員登上航機後，就要依照任務報到時的分工，各就各位去執行起飛前的客艙檢查工作。首先要檢查機上各種緊急用品（如救生背心、手提滅火器、急救藥包、氧氣筒／瓶）之效期及其使用方法、機門及門把、緊急裝備、客艙組員座椅、洗手間、廚房、客艙組員休息區、客艙燈光、乘客座椅、客艙廚房電器開關系統檢查；艙內通話廣播系統、監視系統、緊急逃生按鈕燈光的位置、煙霧偵測器等之測試；行李廂、置物櫃、客艙廚房與衣帽間之存儲空間正常與否。其實旅客搭機除了飲食之外，最在意的是機上的影視娛樂、溫度與燈光。客艙組員一定要懂得各機種各項系統的操作。至於餐飲、侍應品、免稅品等之點收交接，也都是航機飛航前的客艙準備工作。

起飛前必須完成檢查工作，才能開始讓旅客登機
圖片來源：https://itravelblog.net

　　客艙組員於完成起飛前的準備工作後，即可通知登機口地勤人員旅客可以開始登機。於歡迎旅客與協助旅客尋找座位、放置手提行李的同時，也要留意旅客的隨身手提行李和物品有無可疑之處，以便及時處理。

　　客艙組員於旅客登機完畢，在機上工作的所有地勤人員都已離開飛機，空橋或樓梯車也都撤離後，再執行起飛前最後的客艙旅客安全的巡視，項目包括：確定乘客已經就座並已繫妥安全帶、椅背已經回到正常的位置、餐桌已經收好、踏腳板已收回到正常位置、手提行李已經按規定位置妥當放置、行李廂門已經關好、扶手也已收妥、遮陽板已經拉開在正常位置、廚房的餐車已經鎖好固定（曾經有航班發生未鎖好於起飛時餐車滑出的不安全窘境）、餐車門已經關好、微波爐門已經關好固定、所有開關都在適當的位置、工作檯上無會移動的物品、布簾已經束好固定、電源已經關閉、洗手間確認無人也無可疑物品、洗臉槽是乾淨的、馬桶蓋已蓋妥等。

在飛航途中餐桌可以放下來使用，但在飛機起降時餐桌必須收好

飛機起降時廚房的物品要收好，開關要關好

圖片來源：長榮航空

　　至於航機降落後之安全清艙檢查是在乘客全部下機後執行，就洗手間、廚房、行李存放空間、組員休息室等進行檢查，執行的工作項目內容，基本上就比起飛前減少，檢查重點在於有無乘客的遺留物品，如遺留物為可疑危險物品或可疑危安物品，則應依「民用航空保安管理辦法」有關規定辦理。

三、航行中的安全檢查

(一)注意安全帶及隨身行李

　　「航空器飛航作業管理規則」第46條規範，「航空器使用人應確保組員於航空器起飛、降落時，告知乘客繫妥安全帶或肩帶。飛航中遭遇亂流或緊急情況時，組員並應告知乘客採取適當之行動。航空器使用人應確保航空器起飛後，即使繫安全帶指示燈號已熄滅，組員仍應立即告知乘客於就座時繫妥安全帶。」

　　「航空器飛航作業管理規則」第48條規範，「乘客隨身行李應置於乘客座椅下或客艙行李櫃內，以避免滑落或掉落，並不得阻礙緊急裝備之取用及緊急撤離通道。」「非經確認每件隨身行李均已放置妥當，航空器使用人不得允許航空器後推、準備滑行。」

　　當航機後推，開始滑行時，機長會一直亮起繫緊安全帶的指示燈，此時，基本上客艙組員都已經檢查完乘客的安全就座，並已各就各位，且繫妥安全帶或肩帶，當航機加速在跑道上起飛爬升時，通常不會有乘客離開座位，但在航機穿出雲層以後，如果機長還未關閉繫好安全帶的指示燈，則會有乘客因不習慣繫安全帶而自動解開，或起身上洗手間。據瞭解，乘客最常發生在航機剛著陸時就自動解開安全帶，起身拿行李準備下機。

　　由於空中氣流偶有不穩定的時候，航機在空中的巡航飛行，機長雖已關閉繫安全帶的指示燈，還是建議乘客就座時仍繫妥安全帶。航空公

司也要求客艙組員要經常巡視客艙，留意客艙旅客在繫安全帶的燈亮起時，回座位並繫妥安全帶。此外，注意禁止吸菸的規範、洗手間應有的環境，以及維持廚房的正常運作條件。有關航行中的安全檢查，與起飛前之要求大致相同。

(二)對客艙組員就座時機與安全帶的要求

只要是搭乘航機，不論是乘客或工作組員，繫好安全帶是飛安的基本要求。在「航空器飛航作業管理規則」第188條第四項規範，「航空公司應確保依第一項派遣之客艙組員於航空器起飛、降落或機長指示時，應平均配置於客艙內並坐於靠近緊急出口之指定座椅及繫妥安全帶，如有裝置肩帶者，並應繫妥肩帶。當航空器於地面滑行時，依第一項派遣之客艙組員應就座於指定座椅並繫妥安全帶或肩帶。但需處理與航空器或乘客安全相關事宜者，不在此限。客艙組員工作時，應著航空器使用人所規定之制服，並自備手電筒一具置於便於取用之處。」

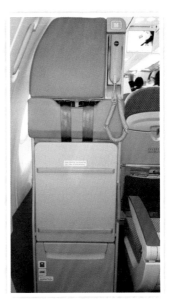

空服人員的座椅
圖片來源：長榮航空

🛩️ 第三節　對進出航空器之人員的管制與監控

航空器是航空公司的生財器具，也是國家的重要資源，因此也是有心分子攻擊的目標。客機載運上百條人命，航機駕駛艙的飛航組員是操

控航機的靈魂人物，但也是劫機分子想控制的對象，不容被侵入。

　　機場本身的安全管制是嚴密的，停放在機場管制區內的航空器，基本上是不會遭到破壞，是安全的。但機場管制單位偶爾也有疏失，歷史紀錄上曾經發生過有偷渡客先躲進飛機鼻輪（起落架）的空隙內企圖非法偷渡出國的情事，《聯合晚報》2014年1月6日報導，沙烏地阿拉伯警方2014年1月5日獲報，發現有人的屍體體塊從空中掉落，警方仍在調查中。該晚同時報導，2010年一架從貝魯特機場飛去利雅德機場的A320飛機的起落架內有一具屍體。還有2014年4月22日《自由時報》報導，4月20日有一名16歲少年躲藏在夏威夷航空767航機起落架，從美國聖荷西飛到夏威夷，奇蹟式活著。

　　以上事件的發生，在在顯示機場的安全管制工作不可以有絲毫的鬆懈，還好都只是要偷渡，並未蓄意破壞飛機，否則後果不堪設想。不過令人納悶的是：偷渡客是如何進入機場管制隔離區？在台灣曾發生不該進入機場管制區的外人摸進機場停機坪，並啟動機場作業車輛的情事，也有閒雜人等進入機場管制區看飛機的情形，幸好都沒有造成傷害。

　　因此，航機停在停機坪的飛航前準備作業過程中，允許在航機上工作的人員除了空勤組員（航空器駕駛員和客艙服務員）及機務維修人員外，還有其他為航機服務的機場地勤、航務與餐勤等人員，雖然都配戴有該機場的識別證，但這些人員不一定是同公司的同事（就算同公司的同事也不見得認識），客艙組員仍不可掉以輕心，就算配戴有民航主管機關核發的查核證，如果沒有同公司人員陪同（按理會有公司的人陪同），要求進入機艙，也要客氣地問明來由。負責門口的客艙組員，一定要嚴守把關，避免矇混，以防不法。

第四節　認識危險品及參加危險品訓練

一、對危險品（dangerous goods）的認知

「民用航空法」第43條規範，「危險物品不得攜帶或託運進入航空器。但符合依第四項所定辦法或民航局核定採用之國際間通用之危險物品處理標準有關分類、識別、空運限制、封裝、標示、申報及託運人責任事項之規定者，不在此限。

……危險物品名稱，由民航局公告之。

危險物品之分類與識別、空運之限制、封裝、標示、申報、託運人責任、航空器所有人或使用人責任、資訊提供、空運作業、訓練計畫、申請程序與遵守事項、失事與意外事件之通報及其他應遵行事項之辦法，由交通部定之。國際間通用之危險物品處理標準，適於國內採用者，得經民航局核定後採用之。」

國際航空運輸協會（IATA）對於航空公司承運危險品極為慎重，因為危險品對人類或物質具有殺傷力，基本上是不希望航空公司承運危險品，即使要承運，也要有品項及數量的限制規定：有根本就拒絕承運的品項，有只能有限量裝在全貨機上的品項，有只可以有限量裝在客機的腹艙，如以「貨物」交運，又規定貨主或託運人必須提出危險品的申報聲明（因為危險品的辨別非常專業），並經航空公司同意才可以裝運，所以國際航空運輸協會早期對於稱危險品為限運物品，用以表示是有條件限制的物品，也藉以提醒航空公司警覺。至於由旅客以「行李」方式交給航空公司運送的物品，不論是託運或是手提上機，因為都有通過機場的安全檢查，基本上航空公司可以比較放心。

雖然國際航空運輸協會將危險品分為易燃、易爆、毒品及放射性等

大類別，各類別危險品並有制式危險品標誌（詳請上IATA網站查閱），
但民航主管機關又再針對搭機乘客的行李有更詳細的規範，客艙組員、
機場運務人員及乘客不可不知。

　　由乘客帶上客艙的隨身手提行李雖然也有經過機場的安全檢查，但
客艙組員仍要提防，因有案例顯示，機場安全檢查人員偶爾也會疏漏。
至於由客艙組員判斷是否為違禁品，恐怕只能從訓練的心得及從乘客的
神情去瞭解，尤其一定要堅守乘客必須與其行李同在機上（有心人也是
怕死的）。同時，也要留意乘客下機的遺留物品，如有可疑，應請機場
相關單位研究處理。

　　以下為託運或攜帶上機之物品摘要（詳見附錄三）：

(一)只能用手提的物品與只能交託運的物品

　　不少旅客都會存疑：為何可以手提或隨身攜帶的物品不能託運？乍
聽之下，不無道理。問題就出在下列物品曾因為託運的原因，在行李艙
內發生摩擦起火的飛安事件，從此以後，為了預防這些物品再次發生事
故，民航主管機關發布命令，通告航空公司對於水銀氣壓計或溫度計、
備用鋰離子電池／行動電源（不超過100瓦／小時）、備用鋰離子電池
（100～160瓦／小時）、安全火柴一小包、打火機、心律調整器等物品
只能用手提，不能託運。

　　也有只能託運不能手提的物品，例如：菜刀、水果刀、高球桿、棒
球棒等具可攻擊傷害的物品，以及乘客比較會攜帶的液體、膠狀、噴霧
類物品容器超過100毫升者。

(二)危險品的處理

　　既然乘客隨身攜帶的行李在登機前都已經經過機場安全檢查單位
的專業過濾，如果真的是漏網之危險品，在未發生危險威脅前，客艙組
員也是難以辨別是否為危險品。如客艙組員對上機旅客攜帶的物品有存
疑，可在機門未關前，依各公司的工作手冊處理。如已在飛航途中而機

上已經發生有危險品產生的威脅時，則應迅速依相關規定與訓練的心得處理。

　　關於危險品，有乘客是眞的不知情，認爲不是危險品，如將汽油裝在塑膠瓶內就認爲是安全的，事實上汽油的著火點很低，不論是手提或託運，在航空運輸是禁止的。

　　爲保障航機的安全，民航局於2007年1月30日發布機場安全檢查新規定，自2007年3月1日起，旅客所攜帶之液體、膠狀及噴霧類物品實施新的管制措施，規範上述物品必須符合以下規定，否則僅可放入於託運行李箱內：

1.旅客所攜帶之液體、膠狀及噴霧類物品之容器，其體積不可超過100毫升。
2.所有液體、膠狀及噴霧類物品容器均應裝置於不超過1公升且可重複密封之透明塑膠袋內，所有容器裝於塑膠袋內時，塑膠袋應可完全密封。前述之塑膠袋每旅客僅能攜帶一個。
3.旅客攜帶搭機時所必要但未符合前述限量規定之嬰兒奶粉（牛奶）、嬰兒食品、藥物、糖尿病或其他醫療所需之液體、膠狀及噴霧類物品，應先向航空公司洽詢，並於通過安檢線時，向安全人員申報，於徵得同意後，可不受前項規定之限制。
4.出境或過境（轉機）旅客在機場管制區或前段航程於航機內購買之液體、膠狀及噴霧類物品，可攜帶上機，但須包裝於經簽封防止調包及顯示有效購買證明之塑膠袋內。

　　以上與搭機乘客關係重大，而且乘客質疑甚多，除機場航空公司地勤人員要特別注意外，客艙組員更要注意，尤其對於航班有中停的機場（如台灣飛歐洲航線，經停曼谷的航班）。

航空器承運危險品規定極嚴

　　蘋果日報2014年12月11日報導，馬祖東引有某老師，上月從東引寄四箱含汽油的化學實驗材料到南竿，因船班受阻，黑貓宅急便（快遞公司）不惜成本，將四箱貨物從東引海運回基隆，再由松山機場空運到南竿，但在松山機場被航警攔下一箱，另三箱到南竿才被截下；航警表示黑貓宅急便託運危險品進入航空器已觸犯「民用航空法」，將罰鍰二至十萬元。該報又報導，該四箱貨物（實驗材料）品名註明為「教材」。

二、參加危險品訓練

　　「航空器飛航作業管理規則」第190條第三項規範，「航空器使用人應每二十四個月執行客艙組員的危險物品複訓，以確保客艙組員能分辨可能攜入客艙內之各類危險品，並依相關規定為必要之處理。」

　　航空公司對客艙組員的訓練課程中，有關安全、逃生及危險品課程的比重約占所有課程的一半以上，足見危險品無所不在，令人擔心，也證明航空公司對危險品的重視。

第12章

客機組員資源管理

- 沒有安全就沒有服務
- 組員互動開始的時機
- 組員的簡報
- 組員之間的溝通與聯繫

第一節　沒有安全就沒有服務

　　航空運輸是人力密集、技術密集、資本密集的產業，是一種高風險不能有飛安事件發生的產業，如何運用各專業領域的知識與敏銳的判斷及熟練的技術來掌握作業中的危害，是航空公司全體上下應有的態度。

　　本書第九章第一節提到航空公司要有自己的安全作為，對維護飛安的努力不可鬆懈，也紛紛發展自己的安全管理系統（SMS）。從公司的最上層到最基層都動起來，航機上的組員如何就自己負責的工作領域發現有礙飛安的因子，如何於緊急情況發生時，不慌不忙地同心協力，共度難關，化險為夷，都是努力的課題。筆者以為將客艙資源管理（Cabin Resource Management, CRM）的C由Cabin（客艙）提升到Crew（組員─飛航＋客艙）擴大到Corporate（公司），並無不可。

　　一架客機搭載平均上百名乘客寶貴的生命，隨著航太科技的發達，客機上的各項緊急設備也日新月異，然而航空公司派遣在客機上的工作人員只有飛航與客艙組員，人數不多，在機艙各忙各的，航機的空間狹小，有關航機上供乘客使用的設備，有些乘客接觸的機會不多，在操作使用上陌生，如何使用安全帶仍有乘客不知道，洗手間門的開與關、坐墊的使用、馬桶如何沖等，因為這些設備與在自家有些差異，有少數乘客需要客艙組員協助，在緊急情況要使用的緊急設備，恐怕只有航機上的全體組員才能做到。所以航空公司為降低萬一不幸發生飛航事故的損傷，極力培養組員之間的默契，期航機上一起工作的全體組員以航機上有限的人力、有限的設備及有限場地的條件，發揮「一加一大於二」共患難的最大效能，才是航空公司要關心的課題。平時就要養成飛航組員與客艙組員在處理緊急情況的默契，使傷害降到最低。

　　因此，空勤組員在航機上的無間合作，是航空公司保障乘客安全的最佳利器。

客艙組員必須密切合作，才能順利完成飛航任務

「民用航空法」第2條第十項及「航空器飛航作業管理規則」第2條第十項之定義，機長是「指由航空器所有人或使用人指派，於飛航時指揮並負航空器作業及安全責任之駕駛員。」有關航機上的一切情況，客艙組員都有報告機長之責任。

依據上述管理規則第21條，「航空器使用人應訂定各類飛航作業相關人員訓練計畫，報請民航局核准後實施。前項訓練計畫應包括組員資源管理訓練，以確保其所有人員瞭解其個別職責，及在飛航作業中各類人員職責間相互之關係。」

第190條規範，「航空器使用人應訂定客艙組員訓練計畫，報請民航局核准後，據以實施。客艙組員經完成訓練，並經考驗合格後，始得執勤。

航空器使用人應執行客艙組員定期複訓，以確使客艙組員熟練下列事項：

一、在飛航中發生緊急情況或需緊急撤離時之職責及工作，包括對行動不便之身心障礙者處理作業程序。

二、各項緊急及求生裝備之使用與緊急程序，如救生背心、救生艇、緊急出口及滑梯、便攜式滅火器、氧氣裝備、急救箱、醫療箱及衛生防護箱等之使用方法。

三、具有於一萬呎以上飛航缺氧及艙壓失效時之生理現象知識。

四、緊急情況時，其他組員之職責及工作。

五、與客艙安全有關之人為因素表現，包括飛航組員與客艙組員之協調。」

及告知其他民航局有關飛航組員與客艙組員間之協調溝通的通告，並積極訓練組員善用與操作各項緊急設備，加強組員在處理緊急情況時不手忙腳亂，有默契地順利達成保障乘客安全的目標，已成為航空公司努力的課題。

由於航空工業與科技的進步，當今有關在航空器駕駛艙飛航組員的配備人數只有二人，客艙組員的人數也依客機乘客座位數的多寡來派遣，這兩種人員成為航空公司派在航機上的必要工作人員，民航法規上都稱為組員（crew），也是一般所指的「機組員」。雖然各有所司，工作內涵也差異甚大，但都是同在一架飛機上，包含飛航前、飛航中及飛航後一切的作為，都是在為乘客的安全而盡心盡力，都有同舟共濟的患難精神，所以他們共同的憂患意識，可以創造出同心協力的效果。

依據上述「航空器飛航作業管理規則」第2條第四項，組員是「指由航空器使用人指派於飛航時在航空器內之工作人員。」組員有客艙組員及飛航組員之分，而飛航組員的分類比客艙組員多。

「飛航組員」依該規則第2條的用詞定義，又有標準飛航組員、加強飛航組員及雙飛航組員之分。

客艙組員是「指由航空公司或機長指定於飛航時，在航空器內從事與乘客有關安全工作或服務之人員。但不能從事飛航組員之工作。」

客艙組員與飛航組員都同在一架飛機上工作，不但要有同舟共濟的患難精神，包含整個飛航前、飛航中、飛航後的一切作業，都只有一個

正副機師間要互相配合、充分合作

共同的目標，就是平安地將乘客送到目的地。

不要說不同工作領域的和諧互動有其困難度，即使同一領域，偶爾也會發生磨擦，2015年8月31日《中時電子報》報導，有某航空公司的航機機組員在執行航班中發生肢體衝突，副駕駛被打得頭破血流，雖幸運沒有讓航機失事，但因為是影響飛航安全的不當行為，已經引起民航管理機關的重視。

第二節　組員互動開始的時機

為確保飛航安全，讓組員保持充沛的體力與精神，「航空器飛航作業管理規則」對於組員的工作與休息時間有極詳細的規範。且有以下六個時間／期間，組員對這六個時間／期間的定義有瞭解的必要，因與上述管理規則對組員工作時間的要求限制有關，也與航空公司有關組員的任務派遣有極密切關係，客艙組員如能先瞭解其涵義，有利於對該管理

185

規則相關條文的深入瞭解，乃至於提出簡而易懂的條文修正／看法。

　　這六個時間／期間分別為上述管理規則第2條第十八項的「飛航時間」、第二十項的「執勤期間」、第二十一項的「休息時間」、第八十三項的「飛航執勤期間」、第八十四項的「通勤時間」及第八十五項的「調派時間」。茲歸納如下：

1. 飛航時間：指為計算執行飛航任務及登錄飛航時間限度之時間。飛機的飛航時間：指為起飛目的，開始移動時起至著陸後停止移動時止之時間。
2. 執勤期間：指航空器使用人要求組員執行之各項勤務期間，包括飛航任務、飛航後整理工作、行政工作、訓練、調派及待命等待時間，並應列入勤務表。
3. 休息期間：指組員在地面毫無任何工作責任之時間。
4. 飛航執勤期間： 指組員自報到開始起算至完成所有飛航任務，飛機停止移動之期間。
5. 通勤時間： 指組員執勤前後，前往航空器使用人指定報到及休息處所之時間。
6. 調派時間：指航空器使用人為執勤需求，安排組員搭乘各類交通工具由一指定地點前往另一指定地點之時間。

　　以上有關時間／期間的定義是航空公司與組員之間權利與義務的規範，與組員執勤時間有關，也是相同組員（如客艙組員）與不同組員（如客艙組員與飛航組員）可以在一起工作的時間，是培養組員之間互動的時機。上述的幾個時間都是組員互動的時間，從任務報到時起就開始要互動與溝通。

　　有關組員報到的地點，各航空公司並不完全一樣，在總公司基地與在外站（國內國外）也不會一樣，但是飛航組員與客艙組員各別報到後的做法，基本上是一樣的，要由機長不拘形式與地點（辦公室、休息室、咖啡館，甚至有在交通車上）集合全組組員說明航程氣象，本任務

客艙組員間需要互動與溝通

應注意事項或特殊要求等。

　　當然，如果是第一次在一起工作的夥伴，就要彼此介紹認識，若有外籍組員，更要格外的關心。一般而言，華人相對比較內向，比較不會主動去關心別人，遇到問題也不敢勇於發問，是怕被恥笑或有語言障礙就不得而知了！特別是客艙組員面對駕駛艙的飛航組員，好像有些害怕或害羞，原因何在也不得而知。尤其是在混有各國組員的航班上，有關機上組員的溝通，航空公司要多費點心思。

第三節　組員的簡報

　　所謂「前艙」就是航空器駕駛艙，是飛航組員駕駛航空器的場所；「後艙」就是乘客乘坐的艙間，也稱「客艙」，是客艙組員工作的場所，該兩種人員從派遣任務的報到時起到任務完成時止，就開始為該航班的任務分工合作，且自登機時起至任務完成的簡報（briefing, debriefing）時止，都是在同一架飛機上，但就整體而言，在駕駛艙內的飛航組員是專心的駕駛，尤其在起飛及降落的階段，更不允許被打擾；而客艙組員則忙於為乘客服務。

航空公司有關第一線員工的工作時間大部分是輪班值勤，輪值班表都於每月月底前排好。客艙組員的任務也皆事先排定班表，每位組員（飛航組員與客艙組員）均須按照表訂航班的起飛時間前到規定的場所報到，至於報到時間則視報到地點與機場的遠近而訂，如長榮的國際航線要航班表訂起飛的120分鐘前報到。

在基地（base）因為報到的組員以及航班多，會設有報到中心（daily counter），此報到中心有設在航空公司各基地的辦公室，有設在機場的航空公司辦公室，也有因組員少而用電話向基地報到中心報到的。不管如何報到，兩種組員的報到地點相近。各自報到後，先各有各的任務前的簡報。

一、客艙組員同組的簡報

前面提過客艙組員沒有固定的直接主管，以每一航班的任務編組為中心，在航班上的事務長（或乘務長或客艙經理）即為其主管，任務解除後就互不隸屬，而且由於客艙組員人數眾多，在同一航班任務中，可能還有相互不認識的同事，甚至連事務長也不見得都認識所有同航班的組員，因此，在同組的簡報中，事務長要介紹彼此認識組員，也會提醒組員該帶的物品及證件，說明所要執行任務航班的天氣、乘客人數、應注意事項等，並做任務分配，以及最重要的本機型的緊急逃生應注意事項。

二、與飛航組員的聯合簡報

客艙組員各別簡報後要與空勤組員舉行飛航前的聯合簡報，由機長或其他飛航組員就本次航班的飛行計畫、飛行時間、所經過航路的天氣狀況及有關本航機的客艙安全等，對客艙組員做提示。

由於航空公司飛航航線分散各地，組員報到的地方也無法集中，大小也不一，甚至無報到中心的設置，以致簡報會有日久玩生、虛應事故的情形發生。

第四節　組員之間的溝通與聯繫

至於組員互動的方式，除了前述全體組員在地面上「面對面」的行前簡報與任務完成後的聯合簡報之外，客艙組員與飛航組員在航機上面對面的溝通不多（偶爾會有負責廚房的客艙組員在起飛或降落就座的時段話家常），正常的情況是利用機上的通訊系統或以約定的訊號溝通。緊急聯繫也是用機上通話系統，其通話系統的操作除了因機種的不同而有不同，操作方式也與正常情況不同，按的次數多、速度也急。也有採約定訊號的溝通方式，由飛航組員用指示燈的響聲次數告知所有客艙組員接著要執行的動作，如果異常狀況發生，則飛航組員改用廣播（因事出緊急不可用訊號），讓所有乘客以及全機組員都清楚聽到航機要採取的行動。

座位上方有服務鈴（圖中藍色按鈕）

　　因此，經常搭機的乘客會發現，機艙常有「叮咚」的聲音，這些聲音都是訊號，都是一種提醒，有對組員和乘客的提醒（如繫緊安全帶），有組員之間的溝通，也有乘客對客艙組員服務的要求——按服務鈴（call light）（響聲與燈光同時）。除了乘客按的服務鈴聲外，其他的鈴聲都是組員之間的通訊暗號，如果是從駕駛艙飛航組員出來的叮咚聲，接著馬上會有客艙組員的廣播，告知乘客要開始起飛或準備下降等。如果乘客聽到叮咚聲音後，沒有聽到廣播，表示純粹是組員之間的機內通話聯繫，與乘客無關。也有由航空器駕駛艙的飛航組員於航機爬升時，用機上通話系統發出的航機通過的高度（如ten thousand feet，一萬呎），來暗示客艙組員可以開始進行客艙的服務，如於下降時發出的ten thousand feet，就暗示停止供應餐點或免稅品的銷售服務，執行安全檢查，並對乘客廣播「再過○分鐘後航機開始降低高度……準備降落……」。

飛機降落時通常都有廣播提醒乘客注意

　　至於航機內通訊設備的操作，不同的機種會有不同的通訊操作方式，在航空器種類多的航空公司，客艙組員都要接受不同機型的實地操作與解說，對不常執勤的航空器，偶爾會有尋找設備位置及使用上的困擾，客艙組員務必要克服。尤其最重要的緊急情況的緊急聯繫與約定訊號聯繫的溝通方式，所有機上組員必須牢記，以免錯失良機。

NOTE.....

第13章

牢記緊急逃生演練，
時時為逃生做準備

- 緊急逃生裝備的檢查
- 緊急逃生的訓練與演練
- 航空器裝備的最低需求

　　客機主要是載運旅客，所以航空公司做好保障航機的安全比其他的服務重要。緊急逃生是民航法規規範航空公司在客機航班上要配備客艙組員的最主要原因，而且規範航空公司要施予訓練。

　　民航法規及航空公司為了確保客艙安全與服務品質，均要求客艙組員於飛行前要執行各項客艙裝備的安全檢查。客機客艙的設備與裝備項目很多，有些可以移動，大部分是固定的，客艙最重要的裝備是緊急逃生撤離時要使用的設備，客艙組員必須熟練操作。

　　所以再重複「航空器飛航作業管理規則」第45條規範，「航空器使用人應於航空器起飛前確使所有乘客知悉下列事項：一、禁菸告知。二、電子用品使用限制之告知。三、座椅安全帶繫緊及鬆開之說明。四、緊急出口位置。五、救生背心位置及使用方法。六、氧氣面罩位置及使用方法。七、供乘客個別及共同使用之其他緊急裝備。」有關安全及緊急逃生事項外，對於所執行任務航機的緊急逃生裝備、救生背心、氧氣面罩等設備位置及數量，要確實確認。

確實做好飛機的安全檢查與保養，是飛航安全的第一步

圖片來源：長榮航空提供

飛機組員逃生訓練圖
圖片來源：長榮航空提供

 # 第一節　緊急逃生裝備的檢查

一、法規的相關規範

　　航空公司在飛航的航空器上配置客艙組員的最主要目的是協助疏導乘客的緊急逃生。有關從航機上逃生，不論是從海上或陸上，航空器製造廠商都有對所生產的各型航空器的緊急逃生做好設計，也裝置好緊急逃生設備，航空器使用人必須瞭解與熟悉使用方法。

　　依上述「航空器飛航作業管理規則」第8條規範，「航空器使用人應確保航空器上備有供機長取用其飛航所經地區之有關搜救必要資料。」

　　同條第二項規範「航空器使用人應於航空器上備有緊急裝備之清冊，其內容包括救生艇及煙火信號器之數量、顏色、型式、急救藥包之內容、飲水供應、手提緊急無線電裝備之型式及頻率。任何時間航空器使用人皆應能立即將該清冊提供給搜救指揮單位。」

　　同規則第11條規範，「航空器使用人應利用所有資訊管道，並於確保各項直接影響航空器飛航及旅客安全之設施均已完備後，始得飛航。」

　　同規則第189條第三項並規範，「航空器使用人指派客艙組員檢查客艙內一般與緊急裝備時，應將客艙組員執行裝備檢查之責任、程序及說明，訂定於客艙組員手冊內。」各航空公司的航機會有各種不同的機種，有關逃生裝備皆會因機種的不同而有不同，但要根據法規規範，應備有適合本身所使用航機的各機型客艙緊急設備的明確規範。

　　同規則第101條規範，「飛航組員座椅應配置安全帶。該安全帶應具備自動抑制軀幹之裝置，於快速減速情況下，能維護其人身安全。

　　載客之飛機應配置具備安全帶及肩帶之客艙組員座椅，並能符合遂行緊急撤離之需求。

　　前項客艙組員座椅應接近緊急出口位置並貼近於客艙地板。

　　年滿二歲以上乘客搭乘航空器時，航空器使用人應為其配備具安全帶之座椅或臥舖，供其於航空器起飛、降落及飛航中使用。

　　使用兒童安全座椅時，該座椅應經民航局或其他國家之民航主管機關核准。」

　　同規則第105條規範，「載客飛機之各緊急出口應配備獨立電源之緊急照明設備。」

　　關於客機上的逃生裝備，在民航法規上就有詳細規範，航空公司必須遵照法規要求辦理。

　　客機的緊急逃生設施雖然是希望「備而不用」，但依上述規則規

飛機的緊急逃生門

圖片來源：長榮航空提供

範，航空公司仍必須「完備」。由於航空器機型不同，各機型的緊急逃生裝備就會有不同，其裝置的位置與使用方法也有差異，而航空公司在客機上派遣客艙組員最主要的目的即在於協助乘客的緊急逃生，所以客艙組員登機後乘客登機前，要根據該任務航班所使用航空器機種的緊急裝備位置及其訊號是否正常進行檢查（因緊急裝備只能在緊急狀況下使用，所以只檢查各緊急裝備的位置及其堪用的狀態，裝備籤封完整），客艙內所有緊急逃生出口、緊急逃生通道指示燈光（含天花板）是否正常等。

　　客機的客艙設備越來越先進，如緊急逃生指示路線的設備，已經從在地板或甲板上的顯示，逐漸改變為用LED燈，而顯示的位置就在乘客座位上方，平時看不到，緊急需要時才亮，乘客可以很清楚看到。

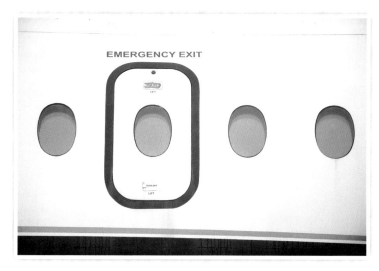

緊急逃生門機身外標示

　　同規則第96條規範，「航空器使用人應訂定最低裝備需求手冊（如附件七），並得訂定外形差異手冊，報請民航局核准後實施。最低裝備需求手冊係供機長於航空器之儀表、裝備或系統失效時，決定該航空器飛航前或於中途降落後繼續該航空器飛航之依據。」

附件七　最低裝備需求手冊

> 本附件依第96條規定及參考ICAO Annex 6, Part I, Attachment G訂定。
> 1.航空器使用人應制定各型航空器最低裝備需求手冊，以確保當部份系統或裝備失效時仍能維持可接受之安全水平。 該表應依航空器製造商及其主管機關所訂定之主最低裝備需求手冊制定，並經民用航空局核准。
> 2.最低裝備需求手冊之目的並非提供航空器在系統或裝備失效時作無限期之飛航，其主要目的為使航空器在系統或裝備失效時能有一定的控制、良好修復和原件更換之計劃下仍能安全操作。
> 3.航空器不得違反民用航空局核發之航空器適航證書之規定；除所有系統及裝備均為良好外，不得作任何飛航。 但經驗證明有些系統或裝備於短期間不運作時，其他動作之系統或裝備仍能提供安全之運作不在此限。
> 4.民用航空局依審核過之最低裝備需求手冊，定出那些系統或裝備項目在某些飛航條件下可以失效，但其目的係指除在特別的指定外，航空器在有失效的系統或裝備時不得作任何飛航。

5. 航空器使用人要確保於飛航開始時，當有多項最低裝備需求手冊所列項目失效時，而其互相間之互動並不會增加飛行組員之工作及使低於飛行安全之標準。

6. 為維持（可接受之）飛航安全（水準），在訂定可失效之系統或裝備時，必須考慮在飛航時可能產生的其他狀況。除特許者或飛行手冊另有說明外，最低裝備需求手冊不得違反飛行手冊內所定操作限制或緊急作業程序或其他主管機關所定之適航要求。

7. 可失效之系統或裝備必須在適當地方加以「標誌」及所有相關失效之系統或裝備必須明列於飛航紀錄簿內供飛航組員及維護人員查閱。

8. 當某一特定系統或裝備項目被訂為可失效時，必須訂定維護程序，在起飛以前完成止動或分隔（離）此系統或裝備。同樣地，需要訂定適當之飛行組員操作程序。

同規則第98條規範，「航空器應裝置急救箱、醫療箱及衛生防護箱，其裝置數量、器材及藥品依附件八辦理。」

附件八 急救箱、醫療箱及衛生防護箱裝置數量、器材及藥品

本附件依第九十八條及第二百三十九條之規定及參考ICAO Annex 6, Part I, Attachment B訂定。

1.類型

1.1 應配備以下醫藥用品：在所有飛機上配備急救箱，在所有需要有客艙組員之飛機上配備衛生防護箱，載運100名以上乘客及航程長度超過2小時之飛機，配備1個醫療箱。

1.2 航空器使用人應考慮營運之特殊需求，依據風險評估決定是否配備自動外部去纖顫器（AED）。

2.急救箱及衛生防護箱數量

2.1 急救箱

急救箱之數量應與載客量成正比：

乘客	急救箱
0-100	1
101-200	2
201-300	3
301-400	4
401-500	5
超過500	6

2.2衛生防護箱

至少須有一名客艙組員之航空器於營運時，應攜帶一個或二個衛生防護箱，遇有大眾健康風險增加之情況，例如爆發具有大流行可能性之嚴重傳染疾病期間，應提供更多個醫療箱。該醫療箱應可用來清理任何可能有傳染性質之體內物質，如血、尿、嘔吐物及排泄物，並對客艙組員在協助疑似患有傳染病之可能傳染病例時提供保護。

3.位置

3.1急救箱及衛生防護箱數量應儘可能均勻地配置在客艙中，使客艙組員易於取用。

3.2若裝載衛生防護箱，則應將其存放在合適之安全地方。

4.內裝物品

4.1以下提供急救箱、衛生防護箱及醫療箱典型內裝物品之指南。

4.1.1急救箱

內裝物品清單：

a) Antiseptic swabs (10/pack)
b) Bandage: adhesive strips
c) Bandage: gauze 7.5 cm × 4.5 m
d) Bandage: triangular; safety pins
e) Dressing: burn 10 cm × 10 cm
f) Dressing: compress, sterile 7.5 cm × 12 cm
g) Dressing: gauze, sterile 10.4 cm × 10.4 cm
h) Tape: adhesive 2.5 cm (roll)
i) Steri-strips (or equivalent adhesive strip)
j) Hand cleanser or cleansing towelettes
k) Pad with shield, or tape, for eye
l) Scissors: 10 cm
m) Tape: Adhesive, surgical 1.2 cm × 4.6 m
n) Tweezers: splinter
o) Disposable gloves (multiple pairs)
p) Thermometers (non-mercury)
q) Mouth-to-mouth resuscitation mask with one-way valve
r) First-aid manual, current edition
s) Incident record form

急救箱內建議可放入下列藥品

a) Mild to moderate analgesic
b) Antiemetic
c) Nasal decongestant
d) Antacid
e) Antihistamine

4.1.2衛生防護箱

a) Dry powder that can convert small liquid spill into a sterile granulated gel

b) Germicidal disinfectant for surface cleaning

c) Skin wipes

d) Face/eye mask (separate or combined)

e) Gloves (disposable)

f) Protective apron

g) Large absorbent towel

h) Pick-up scoop with scraper

i) Bio-hazard disposal waste bag

j) Instructions

4.1.3 醫療箱

裝備

a) 內裝物品清單

b) Stethoscope

c) Sphygmomanometer (electronic preferred)

d) Airways, oropharyngeal (three sizes)

e) Syringes (appropriate range of sizes)

f) Needles (appropriate range of sizes)

g) Intravenous catheters (appropriate range of sizes)

h) Antiseptic wipes

i) Gloves (disposable)

J) Needle disposal box

k) Urinary catheter

l) System for delivering intravenous fluids

m) Venous tourniquet

n) Sponge gauze

o) Tape – adhesive

p) Surgical mask

q) Emergency tracheal catheter (or large gauge intravenous cannula)

r) Umbilical cord clamp

s) Thermometers (non-mercury)

t) Basic life support cards

u) Bag-valve mask

v) Flashlight and batteries

藥品

a) Epinephrine 1:1 000

b) Antihistamine – injectable

c) Dextrose 50% (or equivalent) – injectable: 50 ml

d) Nitroglycerin tablets, or spray

e) Major analgesic

f) Sedative anticonvulsant – injectable

g) Antiemetic – injectable

h) Bronchial dilator – inhaler

i) Atropine – injectable
j) Adrenocortical steroid – injectable
k) Diuretic – injectable
l) Medication for postpartum bleeding
M) Sodium chloride 0.9% (minimum 250 ml)
n) Acetyl salicylic acid (aspirin) for oral use
o) Oral beta blocker
如果配備有（帶AED或不帶AED）之心臟監視器，上述清單可增加：
1：10000腎上腺素（1：1000腎上腺素之稀釋量）

同規則第99條規範，「航空器應裝置經認可之便攜式滅火器，其裝置數量依附件九辦理。滅火器內盛裝之藥劑於使用時，不得肇致航空器內有毒性之空氣污染。

中華民國九十一年七月一日以後首次適航之加壓或非加壓運輸類航空器應裝置經航空器設計國民航主管機關認證可裝置於該型機之便攜式防護性呼吸裝備，供組員於航空器上滅火時使用，以避免煙霧、二氧化碳及其他有害氣體或航空器失壓情況下產生之氧氣不足等情況所產生之危害。其裝置數量及規範依附件十辦理。」

附件九　民用航空運輸業使用之航空器裝置便攜式滅火器數量

本附件依第99條之規定訂定。
1.駕駛艙：至少一具。
2.貨艙：飛航中組員可進入之每一個Class E貨艙，應至少有一具。
3.客艙：如下

載客座位數	應裝置便攜式滅火器數量
7～30	1
31～60	2
61～200	3
201～300	4
301～400	5
401～500	6
501～600	7

附件十　民用航空運輸業使用之運輸類航空器裝置便攜式「防護性呼吸裝備」（PBE）規範及數量

本附件依第99條之規定訂定。
1.總則
　1.1此裝備必須能使於飛機上滅火時之組員免受煙、二氧化碳或其他有害氣體或由飛機失壓以外原因造成的缺氧環境影響，並置於組員便於取用處。
　1.2必須依照裝備製造廠商制定之維護計劃進行檢查，以確保其可用性和立即備用狀態以完成其預期緊急用途。
　1.3此裝備保護眼睛的那部分必須使戴者的視力不致受影響到不能完成組員職責的程度，並且必須允許戴矯正眼鏡而視力不致受影響到不能完成組員職責的程度。
　1.4此裝備必須能於8,000呎的氣壓高度上提供15分鐘的呼吸用氣體。
2.裝置位置及數量
　2.1駕駛艙：一個便攜式防護性呼吸裝備。若駕駛艙內無法裝置，航空器使用人所提出之替代符合方法必須提供同等的安全水準並經民航局核准。
　2.2客艙：每一個便攜式滅火器周圍3英呎內配備一個便攜式防護性呼吸裝備。若無法於規定範圍內裝置，航空器使用人所提出之替代符合方法必須提供同等的安全水準並經民航局核准。
　　貨艙：飛航中組員可進入之每一Class A、Class B和Class E貨艙配備一個便攜式防護性呼吸裝備（貨艙分類依運輸類航空器適航標準中定義，美國聯邦航空法規Part 25）。

　　同規則第100條規範，「航空器使用人應確保第九十八條及第九十九條規定之各類設備均於有效使用期限內」。

　　其他如同規則第103條規範，「飛機應配備手斧一把，供機門或緊急出口無法開啓時砍破機體使用。」

　　同規則第110條規範，「航空器設有為緊急時搶救人員供砍破之部位時，應以紅色或黃色之長九公分，寬三公分線條標示其範圍。並在必要時於線條外緣另加白色襯底，相鄰線條之間距不得大於二公尺。前項緊急搶救砍破部位標示圖示如附件十一。」

飛機機門

附件十一　緊急搶救砍破部位標示圖

　　依「航空器飛行作業管理規則」第110條及第245條之規定及參考 ICAO Annex 6, Part I, 6.2.4訂定。

緊急搶救砍破部位標示圖

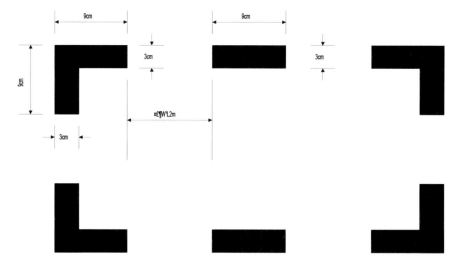

同規則第111條規範，「航空器使用人應於航空器上裝置飛航紀錄器，以記錄供航空器失事調查使用之必要飛航資料，及其詳細規範依附件十二辦理。」飛航紀錄器俗稱黑盒子，如下圖所示。

飛機的飛航紀錄器

緊急逃生的出口

緊急逃生必須找出口，緊急逃生的出口有航機正常的登機口，也會另外打開航機的緊急出口（平時不開）。所以客艙組員登上航空器的第一任務就是檢查該航機的艙門與緊急逃生裝備，檢查艙門是否可以開啟，檢查所有有動力輔助系統及逃生裝備，檢查滑梯氣瓶壓力表是否都正常。

二、陸上逃生注意事項

　　每一家航空公司都非常重視客艙組員及飛航組員的逃生訓練，尤其是對客艙組員如何協助機上乘客的緊急逃生。民航法規也規範各航班在起飛前，航空公司一定要向乘客講解安全逃生示範，包括如何繫緊和鬆開安全帶、如何使用氧氣面罩、如何穿著救生衣、如何從逃生梯跳下，以及緊急逃生門的位置等。巧合的是，因為穿救生衣比較麻煩，所以安全示範中穿救生衣的比重很高，可能導致乘客誤認為逃生只會發生在水上，不會發生在陸地上，更不記得「逃生時要空手，什麼都不要帶，不要穿鞋，逃命要緊」的說明。也令人遺憾的是，很少有乘客會認真聽講，大部分不是低頭看書報就是與鄰座乘客說話，更不用說會有乘客看了以後發問。甚至極少數客艙組員在示範時也流於形式，存有礙於規定

繫緊安全帶是保障乘客安全的重要一環

必做的敷衍心態，並未用心示範，實是值得航空公司憂心。這些乘客要做的動作如何落實，也讓航空業者煞費苦心。

　　正因為如此，「真正」逃生時會發現有乘客還緊緊抓著皮包，趕快穿高跟鞋的情景，讓人懷疑在登機後起飛前的安全逃生解說和示範的效果？殊不知帶隨機手提行李會阻礙通道也影響逃生速度，殊不知穿高跟鞋會戳破逃生梯，導致逃生梯漏氣。如果在機長下達緊急撤離（EVAC）時，客艙組員還不能拿出他們是受過嚴格逃生訓練的專業信心來指揮乘客逃生，那就太對不起公司了。但是真的每位客艙組員都做到了嗎？可能會有些人比旅客還緊張吧！恐怕會有客艙組員兩腳發軟，不知所措，把受訓所學的作業程序忘得一乾二淨。因為客艙組員在地面模擬的機上逃生訓練是演習，心不存恐懼，有少數客艙組員還嘻嘻哈哈的練習。所以說，如果真的不幸需要協助機上旅客緊急逃生疏散時，就是檢驗平時訓練的紮實與否，也可以測驗出空勤組員（前艙的飛航組員與後艙的客艙組員）的冷靜合作與機智。訓練有素的客艙組員在此刻會非常的鎮靜，一反原有在機上甜蜜的笑容，會改以非常專業的態度，堅

空服人員示範氧氣罩的使用方法

定的指揮逃生，唯有如此，才能減少傷害。航空公司主政者不可不慎（蘇宏義，2015）。

三、緊急出口的設計與用處

(一)緊急出口的位置依機型設計

　　飛機緊急出口的位置與數量，在飛機設計製造時已經確定，而且是經過民航單位審查認定的，其數量與航空器大小及結構有關。客機越大，逃生出口就要越多，因此，根據飛機製造廠設計可供旅客於緊急情況發生時，方便撤離航空器的出口，不管是供旅客正常上下飛機的艙門口（cabin door），或是緊急逃生門（emergency exit），或是機翼緊急逃生口（overwing emergency exit）等，都是緊急出口。

(二)緊急出口的正解與妙用

　　台灣媒體曾報導，有歐洲某航空公司自2013年11月26起，針對預訂長程經濟艙靠逃生門那排的乘客加收20～60歐元不等的消息。無獨有偶，上海《真晨報》報導（2015/10/12），大陸各航空公司發出至國外的遠程航線普遍實施的「付費選座」（選逃生門旁的座位，比較寬），今年來在境內航線蔓延起來，包括中國國際航空公司、海航集團旗下的航空公司，開始在境內一些航線推廣起來。另外東方航空不排除以後在境內航線推行「付費選座」的做法。

　　由於客艙登機門及緊急逃生門旁邊的乘客座位，考慮緊急疏散撤離時的需要，所以其座位前面的空間是比同艙等的寬，腳好伸展，但要選擇搭此種座位的乘客是要有能力且願意於必要時協助客艙組員打開艙門的。

　　雖然在機場劃位報到時，航空公司櫃檯人員已經明白告知乘客，而乘客也接受時，才給予此種座位，但是當乘客登機時，客艙組員仍必須

乘客座位邊的緊急逃生門
資料來源：長榮航空提供

再作確認及觀察是否妥當。如果這些做法及要求航空公司都有落實，而乘客也願意加價搭乘，則航空公司何樂而不為？但我們認為有關逃生門邊座椅的安排，在未有加價的做法以前，航空公司就已經強調「乘客要有能力而且也願意在緊急逃生時協助打開逃生門」的條件，並不是任何旅客都有選擇的權利，航空公司在劃位給乘客時必須要看該乘客是否有協助逃生的能力（如老幼婦孺想要也不可以，年老及行動不便者亦不考慮）。該乘客上機時，客艙組員還要再明確告知該乘客要負的責任，也要個別出示須知卡並予以說明，才不會被誤解，或真要派上用場時無法發揮作用（曾有乘客在報到劃位時願意，看到座位的位子以後放棄）。

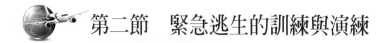

第二節　緊急逃生的訓練與演練

一、緊急逃生的注意事項

　　注意乘客安全與協助旅客逃生是客艙組員最重要的任務，因而航空公司依法都有緊急逃生的訓練與演練。

　　飛機發生要緊急逃生的時機，在陸上及海上都有可能，也不僅只有在飛行途中，在地上滑行時也會發生，因此緊急逃生的情況有陸上逃生與海上逃生兩種，兩者最大的不同在於陸上逃生不要穿救生衣而且有地面的資源可用；水上逃生則一定要穿（是先穿著，到逃生口才拉充氣），可利用的資源就要靠運氣。

　　2009年1月15日，美國航空（AA）空中巴士A320型客機，在起飛不久的爬升過程中遭受鳥擊（bird strike），導致兩具發動機同時失效（如果只是一具發動機失效還可以飛到附近的機場正常降落），航機完全失去動力，飛行員判斷當時航機的高度與速度都無法飛到附近的機場安全降落後，決定選擇穿越人煙稀少的紐約哈德遜河水上降落。整個逃生過程，可圈可點，機上150名旅客及5名機組員全部生還，只有5人受傷（都無生命危險）。除了要歸功於機長成功地降落在河面外，臨危不亂的逃生過程也是關鍵。在飛機下沉前的緊急疏散中，所有的乘客都非常鎮靜有秩序，沒有驚慌哀號，而機長指揮若定，讓老弱婦孺先行離開，讓所有的機上人員都留在飛機翅膀及逃生梯上等待救援。當然也非常幸運地，航機降落的現場，除了警消人員的支援外，附近渡輪的參與救援也是功不可沒，是航空緊急逃生史上一次最完美的逃生。

　　然而發生在陸上的緊急逃生案件不少。2011年7月24日媒體報導，長榮航空濕租（wet lease）立榮航空MD-90客機，執行BR-807航班（乘

客152名，機組共7人）。航機於跑道頭加速時，因起飛警告聲響及燈號亮起，機長決定放棄起飛，將航機滑回停機坪，準備檢修。當航機停妥後，乘客反映機艙外看見有煙，組員查看後並無異狀，但客艙內有燒焦味（經查燒焦味為該航機停妥靠空橋時，機務檢修人員發現航機左邊發動機冒煙，因發動機在進行空轉，煙從空調系統進入客艙），導致乘客聞到煙味後更焦躁不安，急忙起身帶著行李吵著要下機，為了安全起見，認為航機也已停妥，最後決定緊急撤離。

　　整體而言，航空公司寧可「過度反應」，也要以乘客安全為第一考量。這是一件具有教育價值的案例——疏散流程要檢討。航空公司對於平時的協助乘客的緊急逃生訓練上有待加強，航空公司對於乘客是否真的明白如何緊急逃生的顧慮是有道理的。

　　根據「航空器飛航作業管理規則」第189條規定，「航空器使用人應訂定客艙組員手冊並據以實施。

　　前項手冊應保持最新及完整之資料並應報請民航局備查。

　　航空器使用人指派客艙組員檢查客艙內一般與緊急裝備時，應將客艙組員執行裝備檢查之責任、程序及說明，訂定於客艙組員手冊內。

　　航空器使用人應於客艙組員手冊內訂定航空器於飛航途中發生緊急、意外、火災或系統操作故障損壞報告之程序，並應訓練客艙組員熟悉作業，適時向機長報告，俾供機長評估以採取適當行動。」

　　航空器在機場停機坪上從事飛航前的準備工作時，機艙門是打開的，萬一發生緊急情況（如火災）需要緊急撤離機上作業的人員時，無關機艙門的開啟，而且尚無乘客在機上，只有地勤工作人員，逃生容易。除此情況外，航機自後推起至降落停機（航機靜止）／關機（關發動機）為止，機艙門都是一直關閉的。有關機艙門操作，如在「一般正常情況」，客艙組員照一般的艙門操作程序，由負責各個艙門的客艙組員操作。

　　如遇「緊急情況」需要開啟艙門時，陸上與水上的逃生注意事項分別如下：

(一)陸上逃生的注意事項

1.要確認航機完全靜止。

2.確認艙門外的地形地物。

3.確認艙門充氣閥在正確位置。

4.要聽到機長已下達緊急撤離命令（一定由機長下達，事務長不可越權）。

5.開啓艙門，確認充氣閥已經完全充好氣並可使用。

6.廣播或大聲請乘客解開安全帶，不帶行李，不穿救生衣，要脫高跟鞋（才不會踩破充氣滑梯），趕快到逃生門邊從滑梯滑下去，或就近機翼邊的逃生門逃到機翼上，等待救援。

7.充分利用地面上可利用的資源。

(二)水上逃生的注意事項

1.要確認航機完全靜止。

2.確認艙門外面狀況。

3.要聽到機長已下達緊急撤離命令。

4.開啓艙門，確認充氣閥已經完全充好氣並可使用。

5.廣播或大聲請乘客解開安全帶，不帶行李，脫掉高跟鞋，趕快到逃生門邊，將救生衣充氣跳到救生艇上。

旅客登機與下機用的機艙門在緊急情時況也是逃生門之一，只要航機有在運行，這種艙門都會使用，經常要開與關，所以登機與下機的艙門如有故障，都要馬上檢查修復。坐在艙門口或緊急逃生門口的乘客是經過航空公司安排，而乘客也願意在緊急情況協助開啓艙門，但真正的效果如何，恐怕只有聽天由命？

逃生滑梯避免乘客搬動

航機上的逃生滑梯偶爾會有乘客因好奇而搬動，或是組員檢查後忘記回正而不慎滑出，如果發生在飛行途中是非常危險的，如果是在地面滑出，航機非但無法飛行，還要花幾個小時的時間裝回去，並處理妥當後才能起飛。無論是何種原因，此種裝備非到緊急逃生時，是不會使用的。

「航空器飛航作業管理規則」第191條規範，「緊急撤離演練應符合下列規定：

一、載客座位數超過四十四座之航空器，應在九十秒鐘內完成。

二、航空器使用人於首次使用之機型載客座位數超過四十四座，於營運前或航空器經相關修改後，應以實機作乘客緊急撤離演練一次。

三、年度訓練或定期演練得於緊急逃生訓練艙實施。」

該條第二項規範，應以「實機」作為乘客緊急撤離演練的航空器。雖用實體客機演習可以使參加演練的學員更清楚客機逃生的出口位置及其操作方法與逃生筏梯的使用，比較逼真，但航空公司在營運上會少了航機使用，所以民航局採各航空公司平均分擔及影響最少的原則處理，各航空公司都有機會輪到。

飛機的逃生滑梯

二、緊急逃生演練項目

1. 針對客艙、洗手間、貨艙失火、客艙失壓、引擎失火等緊急狀況
   處理程序。
2. 緊急狀況或須緊急撤離作業，包含對行動之身心障礙者處理作業
   程序。
3. 乘客撤離至地面或救生艇上時之作業程序。

第三節　航空器裝備的最低需求

　　為了航空器飛航的安全，航空器要依法取得適航證書才可飛航。「民用航空法」第38條規範，「航空器飛航時，應具備下列文書：一、航空器登記證書。二、航空器適航證書。三、飛航日記簿。四、載客時乘客名單。五、貨物及郵件清單。六、航空器無線電臺執照。」

　　「航空器飛航作業管理規則」第109條規範，航空器飛航時，除備有民用航空法第三十八規定之文書外，應另備有「最低裝備需求手冊」、「客艙組員手冊」。其條文如下：「航空器飛航時，除備有本法第38條規定之文書外，另應備有下列文件：一、飛航手冊。二、航務手冊。三、航行圖表。四、操作手冊。五、最低裝備需求手冊。六、客艙組員手冊。七、民用航空運輸業許可證英文版。八、營運規範核准項目表。九、噪音證明文件英文版。未派遣客艙組員之飛航，得免備前項第六款之手冊。」

　　「航空器飛航作業管理規則」第96條又規範，「航空器使用人應訂定最低裝備需求手冊（如附件七），並得訂定外形差異手冊，報請民航局核准後實施。最低裝備需求手冊係供機長於航空器之儀表、裝備或系統失效時，決定該航空器飛航前或於中途降落後繼續該航空器飛航之依據。」

　　因此，航空公司應依該96條規範，針對個別機種的裝備及系統訂定其各型航空器的最低裝備需求手冊（Minimum Equipment List, MEL），報請民航局核准使用。此最低裝備需求手冊，攸關航機的飛航安全與航空公司的營運，極為重要，最低需求項目（包含客艙裝備），也是航機維持適航標準的最低要求，是航機維持短暫應急使用，到達機場後必須立即檢修，航機達到適航條件時才可恢復派遣。

　　由於各航空公司所使用的機型會有不同，有關航空器飛航時的最

低裝備需求手冊內容也會有差異，客艙組員一定要詳細閱讀各航空公司的客艙組員手冊有關客艙裝備最低需求項目的內容，並隨時注意航機上一切不正常的現象，隨時報告機長（飛航組員）。客艙裝備最低需求項目可分爲：消防系統、氧氣系統、燈光系統、供水與廢水系統、客艙通訊系統、緊急醫療、救助裝備、逃生裝備與艙門、客艙設備及客艙座椅等。都與航機的安全飛行有極大的關聯，如客艙組員發現航機客艙內有煙、火的味道，或流出異味的液體、有不正常的震動或雜音，機翼上有積雪、結冰或漏油，發動機有冒火、異常震動，艙門無法關妥，窗戶有裂痕，緊急裝備有缺失，客艙廣播系統、組員之間的通話系統、洗手間煙霧偵測系統、滅火器等客艙消防系統、航機內部緊急逃生燈光系統故障，客艙固定氧氣系統、氧氣瓶故障，乘客及組員座椅、客艙儲物空間故障等，客艙組員都要及時通報。

第14章

對特殊乘客之服務

- 已知病患及身心障礙乘客
- 老幼婦孺
- 被戒護人
- 對乘客的護理

　　當今航空運輸已成爲人類「行」不可缺少的交通工具，搭乘飛機也已經不是時髦而是生活所需，所以航空公司所載運的乘客來自世界各地，年齡層從嬰兒到百歲以上的人瑞，有良民也有不法之徒，有健康的人也有生病的人，有正常者也有殘疾者。航空公司對於與一般常人不同的乘客，都會給予另外或特別的搭機服務（如在機場航站大樓的地面服務、登機、下機、航程中、緊急逃生等），業界以「特殊旅客」稱之。

第一節　已知病患及身心障礙乘客

　　由於航空器的快速便利，搭乘的旅客越來越多，旅客的情況也越來越複雜，有要赴國外就醫的病患旅客，有輪椅旅客（WCHR、WCHS、WCHC），有視障旅客（BLND），有聽障旅客（DEAF），甚至有擔架乘客（STCR）等（本書已精選常用的英文縮寫於附錄一）。這些乘客有陪同搭乘者，有單獨搭乘者，因爲都需要特殊的照顧服務，航空公司爲了事先安排乘客所需，均請需要特別協助之乘客先行告知需要協助的事項（填具相關資料），以便提供特殊的服務。

　　因爲以上的乘客都在搭機之前就已知會航空公司，所以航空公司不會安排在緊急逃生門前面或旁邊的座位，但會儘量安排離洗手間及緊急逃生門附近的座位。擔架乘客就麻煩多了，在其座位旁邊及前後不要有一般乘客，應該給照顧擔架乘客的乘客。原則上航空公司會依乘客需求的情況，安排出發及抵達機場的地勤人員予以關心與照料。至於乘客是先登機還是後登機？可視情況由地勤人員與客艙組員協調辦理。此外，爲已知病患或身心障礙旅客搭機緊急逃生考量，航空公司也會對狀況嚴重的乘客提出一些配合的要求，例如需提供醫生開立的病患可以搭機的證明。對於病患與身心障礙旅客的服務細節，各航空公司皆有些微的差異。

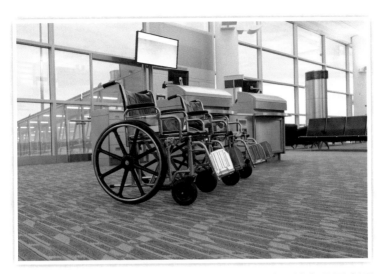

需要輪椅服務的旅客，事先向航空公司申請，航空公司會配合安排

　　以下是有關輪椅乘客的新聞，值得航空公司及客艙組員參考：

　　美國一名腦性痲痺男子剛參加完殘障人士無障礙設施政策會議搭機返家，就親身遇到問題所在。

　　美國有線電視新聞網（CNN）報導，29歲的尼爾（Neal）上週搭乘美國聯合航空公司（United Airlines）班機從舊金山搭五個小時飛機返回華盛頓，結果機上沒有輪椅幫他下飛機，還被工作人員告知等找到輪椅再幫他。尼爾指出他不斷被告知等一下，後來他實在沒辦法再等（尿急）於是離開座位，空姐卻在一旁冷眼旁觀，他沿著走道爬行到旋梯，那個地方已備有一張輪椅。他說：「我以為他們會開口說要協助我，但他們只是瞪著眼睛看。」

　　聯合航空發言人說，公司原已在尼爾的班機抵達時在登機門為他安排輪椅，但在輪到他下機時被人不小心移走了。

　　尼爾表示，這件事發生後他就直接回家了，「根本沒有聯絡聯合航空，因為不相信他們會在乎此事。」

尼爾指出，後來一名空姐感到過意不去，將此事呈報公司。聯合航空一名代表隔天致電尼爾表達致歉（中央社新聞網，2015/10/26）。

 第二節　老幼婦孺

所謂「老幼婦孺」旅客（航空運務都有個別的英文代號），從中文字意大致可以瞭解所涵蓋的旅客有年長者（AGED）、孕婦（PRGN）、12歲以下單獨旅行的兒童（UM）、2歲以下（INF）等，這些老幼婦孺的乘客，航空公司一般都會在旅客艙單註記MAAS（Meet and Assist Service），先告知對站，以便安排於航機抵達的目的地機場時協助通關或安排輪椅服務。

航空公司除了協助通關外，對於孕婦的搭乘，除了在機場報到櫃檯

對年長乘客更要貼心地加以照顧

劃位當下，劃位人員會留意孕婦肚子的大小，決定是否要求出具醫生的「適航證明」——適合搭乘飛機的醫生證明（懷孕週期各航空公司略有不同，一般以不超過28週為度；若用衣飾隱瞞將難以發現）。航空公司除了機場人員注意外，也提醒客艙組員留意孕婦的登機狀況。

國際民航組織（ICAO）顧及航機上醫務及醫療資源不足，規定婦女妊娠足月不准搭乘飛機旅行，是在提醒乘客在航機上分娩可能產生危險，航空公司也認為客機並非醫院，人員、設備皆只能應急，所以對孕婦的搭機有大同小異的懷孕週期約束。赴美生子，孩子可以取得美國國籍，家喻戶曉，孕婦搭機赴美，並非新聞，只因孕婦不願意或不能提早去美國住，孕婦隱瞞懷孕的結果才會在飛機起飛約六個小時就破羊水，孩子生在航機上，才導致該孕婦有否違規的熱烈討論。各大媒體2015年10月20日才都大篇幅報導此一消息。

現今鼓勵嬰兒餵食母奶，曾經發生帶著嬰兒的乘客考慮機上不比地面有哺乳室設備，又不方便在座位上直接餵食母奶（也不餵奶粉），而必須花較長的時間到隱密的洗手間擠奶，於是會特別告知客艙組員使用

對有幼兒同行的乘客，空服人員應注意其是否需要協助

洗手間的時機。曾有航空公司的航班上就有此需求的乘客,也告知客艙組員,客艙組員也回覆該乘客,有需要時通知,以便安排,不料該乘客飯後自行去洗手間擠奶。

　　常搭機的朋友都知道,飯後使用洗手間的乘客特別多,而擠奶的乘客要使用的時間一定比一般乘客更久,導致門外等候使用的乘客不耐煩地找客艙組員,也沒想到客艙組員一來就敲門,沒有揚聲詢問(他如果知道有乘客在擠奶,應該就不會敲門),在裡面的婦人也急促地轉動門把,更造成客艙組員的誤解,開了一點門縫,看見還在擠奶立刻關門,雖致歉並在門外守候,直到該乘客出門,但該乘客已遭門外久等的乘客斥責。客艙組員的疏於與乘客聯繫,沒有做好組員的溝通,造成該婦人受到委曲,不是一句抱歉就可以療傷。

　　以上是對已知需要特殊服務的乘客,航空公司都會事先預作準備或安排,客艙組員於任務報到時均已被告知,會有心理準備;但對於乘客搭機時臨時發生身體上不適的情況,尤其是高空飛航,因心臟的原因,需要馬上急救的旅客,屢見不鮮,此時客艙組員會廣播機上有無醫生,請到○○位置為該乘客診斷或緊急救助,很多幸運的乘客就這樣真正得到照顧,值得安慰!

第三節　被戒護人

　　乘客被遞解出境的原因很多,而以旅客本身的問題居多,有到達機場時就被移民局拒絕入境者,有已合法入境後被遣送出境者:

1. 被拒絕入境的旅客:是持已過有效期限的護照要入境或是無簽證等旅遊證照不全,或旅遊證照齊全,但意圖詭異之可疑旅客(如恐怖組織成員)。
2. 被解送或遣送的旅客:其嚴重性比上述被拒絕入境旅客嚴重,係指已合法入境後因犯法或其他不當行為,遭當地移民局裁定遣送

出境者。又依其嚴重程度分「有戒護人之被戒護人解送」與「無人戒護之被戒護人遣送」兩種作業，前者係經判定有安全顧慮者，需有戒護人員全程控管；後者因居留權被取消或工作證或旅遊證照已過期，經判定無安全顧慮，無需戒護人員戒護者。

按「民用航空保安管理辦法」第19條有機關執行被戒護人解送作業之規範，且航空器因為速度最快，所有要上機的乘客與貨物行李依法也要在機場接受安全的管制與檢查，在航空器上也沒有逃脫的顧忌，所以航機上常有被戒護人搭乘，航空公司也都會配合，妥為因應處理。

因為航空器在速度與空間上都有利於執法機關安排遣送，所以航空公司經常會接到此種申請，也由於此種乘客心態異於常人，會有不平的憤慨，因而執行機關會視此種乘客違反的程度，決定是否需要押解。通常航空公司載運這種旅客都會先獲得有關單位的告知，航空公司在客艙的作業上會安排與一般旅客不同（如座位不在機艙門旁邊）。

類此乘客的第一關處理是在航空公司的機場旅客報到櫃檯，航空公司載運這種旅客與一般的旅客有不同的作業方式，必須格外謹慎，如被戒護人不適合坐於緊急逃生門附近，以防範不法。客艙組員也必須另外瞭解此種旅客的作業程序（尤其是事務長），也要與機場地勤人員及押解員警密切配合。客艙組員對於此種旅客要全程監控，如有異常狀況，要馬上回報，有關被戒護人資料，要與地勤人員辦好交接。

依「民用航空保安管理辦法」第19條規定，「機關執行被戒護人解送作業，應填具被戒護人解送作業通知單（如附件一），並於搭乘航空器前二十四小時送達航空器所有人或使用人。但經執行機關與航空器所有人或使用人協調同意者，不受二十四小時之限制。

機關執行無人戒護之被戒護人遣送作業，應填具無人戒護遣送作業通知單（如附件二），並於搭乘航空器前二十四小時送達航空器所有人或使用人。但經執行機關與航空器所有人或使用人協調同意者，不受二十四小時之限制。

附件一　被戒護人解送作業通知單

填表日期：　　　年　　　月　　　日

預計搭機行程：		被戒護人	中文姓名	
航空公司			英文姓名	
起迄地點（含過境及轉機點）			國籍	
班機號碼			身分證（或護照）號碼	
班機起飛日期			出生年月日	
班機起飛時間			性別	

運送原因：
□遣送出境　□拒絕入境　□人犯，受戒護乘客＿＿＿＿＿人，戒護人員＿＿＿＿＿人。

戒護人	中文姓名		戒護人	中文姓名	
	英文姓名			英文姓名	
	國籍			國籍	
	身分證（或護照）號碼			身分證（或護照）號碼	
	出生年月日			出生年月日	
	性別			性別	

□攜帶武器：戒護人員攜帶武器人數＿＿＿＿＿人，武器型式與數量：
　　　　　（攜有武器者，應按台灣地區民航機場安全檢查作業規定第15點之槍彈代管規定辦理託運）

乘客搭乘意願	□自願　　　　　□非自願		
風險評估	□無風險　　　□低風險　　　□高風險		
拒絕入境或遣送出境原因或犯罪類別			
乘客精神及生理狀態描述（已知時方須填寫）			
飛航中應注意之特殊狀況及預防措施			
過境站、轉機站及目的站相關手續	1.過境或轉機站手續是否辦妥？	□是	□否
	2.過境或轉機時是否需羈押或需派人戒護？	□是	□否
	3.目的站是否同意入境？	□是	□否
備註（例如其他需航空公司協助事項）：			

申請單位聯絡人		申請單位（主管）簽章：
服務單位		
職稱		
二十四小時聯絡電話		

註一：本表請於搭乘航班起飛二十四小時前送達航空公司辦理。
註二：本表如不敷使用，請使用另表填寫。

附件二 無人戒護遣送作業通知單

填表日期： 年 月 日

預計搭機行程：	
航空公司	
起迄地點（含過境及轉機點）	
班機號碼	
班機起飛日期	
班機起飛時間	

運送原因：
□遣送出境 □拒絕入境，乘客＿＿＿人。

被遣送人員	中文姓名		被遣送人員	中文姓名	
	英文姓名			英文姓名	
	國籍			國籍	
	身分證（或護照）號碼			身分證（或護照）號碼	
	出生年月日			出生年月日	
	性別			性別	

乘客搭乘意願	□自願		□非自願		
風險評估	□無風險		□低風險		□高風險
拒絕入境或遣送出境原因					
乘客精神及生理狀態描述 （已知時方應填寫）	1有逃亡紀錄？		□是 □否		
	2有暴力傾向？		□是 □否		
	3有精神異常？		□是 □否		
飛航中應注意之特殊狀況及預防措施					
過境站、轉機站及目的站相關手續	1過境或轉機站手續是否辦妥？		□是 □否		
	2過境或轉機時是否應羈押或派人戒護？		□是 □否		
	3目的站是否同意入境？		□是 □否		
	4到達目的地後，乘客可自行離去？		□是 □否		
	5乘客應交予目的地接收單位及人員： 單位： 人員：				
備註（例如其他需航空公司協助事項）：					

執行遣送之單位聯絡人		執行遣送之單位（主管）簽章：
單位名稱		
職稱		
二十四小時聯絡電話		

註一：本表請於搭乘航班起飛二十四小時前送達航空公司辦理。
註二：本表如不敷使用，請使用另表填寫。

　　航空器所有人或使用人對前二項之解送及遣送作業，應進行風險評估，認有風險者，得依下列規定辦理。但法律另有規定者，依其規定。

一、拒絕運送。

二、限制每班機運送之被戒護人人數。

三、協調執行機關加派戒護人。」

同法第20條規定，「戒護人搭乘航空器時，應依下列規定辦理：

一、檢具執行機關證明文件辦理搭乘航空器手續。

二、不得攜帶武器進入航空器，如攜帶武器，應辦理託運。」

　　同法第21條規定，「航空器所有人或使用人應將戒護人及被戒護人之人數及乘坐位置，通知機長及客艙組員。

　　組員不得提供酒精性飲料予戒護人及被戒護人，並不得提供金屬餐具及各類刀具予被戒護人。」

　　以上法規與客艙組員的客艙服務有關，提醒客艙組員格外注意（「民用航空保安管理辦法」可上網查詢）。

　　至於乘客本人的違法或不當行為有：人蛇集團、各國移民局列管的警示名單旅客、各國移民局或外交領事館通知須防範偷渡的旅客等。航空公司所承載的旅客如被過境或目的地國家拒絕入境時，除須負責原機遣送出境外，雖還會遭受鉅額罰款（美國每人美金2,000元，英國每人英鎊3,000元），但是航空公司人員對於假護照、假簽證等的辨識，還是無法做到無漏網之魚，仍有無奈！

第四節　對乘客的護理

　　由於飛機是在天空中飛行，在客艙內的溫度、氣壓、氧氣、溼度雖都有盡量調整與平地相當，但航機在起飛、降落時會有氣壓的差異，在航行過程中又常會遇到不穩定的氣流，跨洲際的飛行又有時差的適應問題，對於搭機時自覺身體沒有不適的乘客（尤其有心臟病者），在搭機時比較容易發病，在航機上就因而往生的乘客常有發生（筆者曾經在機上遇到因心臟原因死亡的乘客，因為該乘客是希臘人，為了方便陪同的太太完成法律處理手續，本該由新加坡飛往歐洲的航機就臨時申請轉降雅典，雖然額外增加航空公司的費用，也算是航空公司的另一種服務。

　　有鑒於乘客搭機都可能會發生身體不適的情形，因此航空公司會在航機上備有急救箱與緊急醫療包等藥品，以及配備可攜式緊急發報機、

當旅客身體不適，客艙人員必須視情況做出適當處置

緊急醫療、救助裝備及斧頭等最低裝備應急。航空公司也會訓練客艙組員學習心肺復甦術（CPR），以爭取乘客醫治的時間（所以在招考客艙組員時都會對來應考的護理人員優予考慮）。

不過，「機上急救非醫療」，以下評論值得深思：

2015年10月20日在媒體相繼報導一名孕婦在華航飛美航機上產子的案件聲中，《蘋果日報》的「焦點評論」，以三萬英尺高的生死爲題，探討航空公司在航機上爲乘客急救的正當／合法性。評論提到航空公司的客艙組員都有受過急救的訓練，航機上也備有基本的急救設備，如急救箱、心律調節器、和面罩便捷式氧氣瓶、醫生用的緊急醫療包等，但是客艙組員沒有資格處理所有可能的情況，只配訓練提供急救和有限的醫療援助。客艙組員非醫生，依法不得執行醫療服務，航空公司得愼重行事。

第15章

機上餐飲服務

- 機上餐飲服務概述
- 機上餐飲前的服務
- 不同的艙等有不同的餐飲服務
- 供餐的順序

 第一節　機上餐飲服務概述

　　前面所介紹的都是與乘客搭機安全有關的安全服務，大部分是客艙組員要做的工作，少部分才是要請乘客配合遵守的事項。

　　因爲航空公司與民航管理機關都非常重視飛航安全，航機很少發生重大的飛安事故，絕大部分的乘客也從來沒有碰到過重大的飛安事故，乘客即使有顧慮，也都認爲不會那麼「衰」吧！因此所在意的都是安全以外的「吃、喝、視聽」等等服務，航空公司也認爲如此，從機上的餐飲下功夫，並將之發揚光大。

　　本章及第十六章介紹的是航空公司純粹爲乘客所做的服務，是乘客所期待的，也是乘客最在意的。

　　航空公司在機上有關餐飲服務的內容及做法，因與飛安無關，民航法規對航空公司只有在「航空器飛航作業管理規則」第52條才只有禁

兒童在機上用餐

止提供餐飲的時機規範。航空公司知道旅客搭乘飛機是辛苦的，所以對於機上餐飲都極為重視（除了廉價航空公司相對比較不注重機上餐飲外），且是提供免費、多樣化的餐飲供旅客選用，包括一般餐飲、特別餐與網上選餐等服務。

在長途的飛行中，由於飛機上的空間狹小，航空公司除了飛機座椅、視聽及通訊之外，可以變的花樣可能只有機上的餐飲了，這也是航空公司招攬顧客的一招，尤其是對商務艙及長途的旅客。

一般而言，亞洲的航空公司比較重視機上的餐飲。有推出地面有名的佳餚上飛機的，如小籠包，以及台灣口味的菜餚，如鮑魚、魚子醬等；也有推出茗茶、咖啡等。真是各出奇招，無奇不有。不過，實驗的結果，飛機上的餐食，尤其是中餐，比較需要趁熱食用，要與地面上一樣美味好像並不容易辦到。也就是說，不是地面上有的食物都能提供旅客在機上享用。像華人喜愛的燒餅油條和豆漿，由於機上的設備及安全考量，在機上食用的口感絕對不如地面上。又何況機上旅客不全是華人，各國人種都有，有不吃豬肉的，有不吃牛肉的，也有不吃羊肉的，有吃素的，有不吃魚的，不一而足。主食有吃米飯的，有吃麵條的，有吃麵包的；麵包有人喜歡吃熱而軟的，有人喜歡吃硬且冷的，所以要滿足每位乘客的味蕾真不是件容易的事。何況根據研究，機上的用餐環境如噪音、氣壓等因素，都會影響食慾或改變乘客對某種飲料的偏好，如在機上喜愛番茄汁的乘客增加。

機上的餐點的口味本來就難與地上相比，但給乘客的印象是清潔衛生可靠，至少吃了不會鬧肚子。機上餐點有由航空公司自家的空廚提供，有由國外的配餐業者提供，口味好壞不說，品質的管控就很重要，因為曾經有乘客發現餐食中有異物，提醒客艙組員如發生此種情況，除了拍照存證外，要保留證物，以便辦理後續事宜。

搭乘飛機只是為了節省交通的時間，不像搭乘郵輪的旅遊，乘客在船上還有如地上大飯店的舞廳、游泳池等的豪華設備，也可以在船上到處走動，欣賞海上風光。因為飛機客艙空間有限，乘坐飛機的旅客，除

機上經濟艙的餐點

　　了上化妝室之外，航空公司與民航管理機關考慮飛機飛航途中常常會遇到不穩定的氣流，都被要求坐在位子上並繫好安全帶，所以有關乘客的食物、飲料，都要由客艙組員送到乘客面前，無法如地面上的餐廳或是豪華的郵輪可以採自助餐方式進行。其他如報章雜誌，大部分也是由客艙組員送來。因此，客艙組員在「安全」以外的機上服務，乘客就很有興趣，也很在意，演變至今，似乎是安全以外的其他服務，如機上餐飲才是乘客認知的客艙服務重點，而不是客艙安全。航空公司因而也採取安全與餐飲並重，開發空中餐點，並要求客艙組員都要填寫乘客對餐點的意見報告，以作為改進的參考。

　　機上提供的餐食，因提供時間的不同，有正餐（breakfast、lunch、dinner）與輕食（light meal）的分別。更有航空公司大打機上餐食的行銷廣告。考究的航空公司還會在餐具、餐盤（只在航空燃油高漲期間有航空公司改用材質輕的塑膠製品）、餐巾乃至於裝調味料用具（如裝鹽巴、胡椒粉及醬油的小瓶子）上用盡心思。每家公司各有特色，同一家公司的不同航線也會提供不同的餐點。

機上的熱食難與地上的相比

　　常聽到有人抱怨飛機餐難吃，在飛機上吃飯，好像就是比平常的食物難吃一些，不過國外研究指出，我們錯怪飛機餐了，不是那些菜色真的特別糟，而是機艙的噪音影響味覺，因此覺得索然無味。

　　英國《太陽報》昨報導，美國康乃爾大學學者金柏立顏（Kimberly Yan）和丹朵（Robert Dando）進行一項實驗，找了48位志願者，在三種不同的音量下試吃食物，並依照食物的酸、甜、苦、鹹進行評分，結果發現噪音會干擾人類的味覺，在超過80分貝下吃飯，會覺得甜味變少，而甜味會讓人產生愉悅的感覺。

　　實驗也發現，人類在噪音下對「甘味」比較敏銳，甘味是來自日本人的說法，就是因為食物中的胺基酸產生的回甘感，噪音下味蕾對番茄汁的甘味特別敏感。德國漢莎航空也有類似說法，漢莎航空發現，機上旅客喝的番茄汁數量不下於啤酒，去年進行一項小規模研究後發現，機艙內的氣壓會使人覺得番茄汁變得好喝。

　　康乃爾學者的研究今年3月已發表在國際醫療期刊，他們表示，食物是否美味是著重感官體驗的結合，機艙噪音影響下，會覺得飛機餐特別難吃。這項發現有助於各大航空公司未來研發飛機餐的菜色（《蘋果日報》，2015/11/13）。

　　2015年10月16日《聯合報》標題為「長榮機艙入圍十大，全球專業評比 讚經濟艙餐飲媲美商務艙」，報導全球知名航空專業網站Airline Ratings.com日前公布「全球十大最佳機艙服務航空公司」，長榮航空的精英艙及經濟艙在「豪華經濟艙」與「長程線經濟艙」兩項類別入圍，

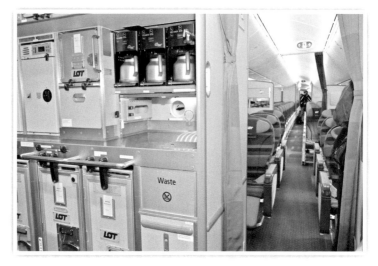

飛機上的廚房通常不大,與乘客座位區以布簾隔開

與新加坡航空、澳洲航空、國泰航空及日本航空等全球知名航空公司並列前茅。

Airline Ratings.com發言人指出,長榮航空於1992年率先推出豪華經濟艙,從舒適的機艙環境、人性化的服務,以及媲美商務艙等級的機上餐飲及過夜包,是長榮脫穎而出的原因。

可見機上的餐飲是乘客所重視的,也是航空公司吸引旅客的招數之一,難怪Airline Ratings.com會將機上的餐飲列入評比項目之一。

 第二節　機上餐飲前的服務

一、引導賓客就座服務

客艙組員在登機艙門口等候乘客登機為全世界航空公司最基本的做

法，而且不分艙等在登機艙門口都有客艙組員迎接，只有在歡迎的程度與做法會有差異，大部分是神采奕奕的歡迎，少數為教條式的做法。

　　通常廣體機會同時開啓兩個登機艙門，靠近駕駛艙的艙門提供高艙等乘客登機，離駕駛艙稍遠的艙門提供其他艙等乘客登機。如果客艙組員充足，會帶領乘客就座，如果客艙組員不足（小型客機只派2人），就直接告知乘客座位的方向，無法帶領乘客就座。有航空公司在航機上同時會播放與歡迎登機相關的音樂。

　　乘客（特別是女性乘客或年長者）如有較重的手提行李，客艙組員還要協助擺放，對少數女性客艙組員而言，可能會是一件苦差事。

　　有提供報紙的航空公司（也有不提供的），也是不分艙等，用服務車先放在登機艙門口的外側（有用空橋時）或艙門口內側，供乘客於登機時自行取用。

於空橋上先放報紙供乘客登機時取閱

圖片來源：長榮航空提供

　　有提供雜誌的航空公司，則於乘客均已就座後開始再做一次提供報章雜誌的服務。經濟艙會視航機作業狀況，儘量在航機起飛前一次發送報紙（也有航空公司乘客要才給），在高艙等區服務的客艙組員則是各別為乘客服務，每坐定一位乘客就馬上服務一位。也會先幫乘客掛衣服（如外套和大衣等）後，再給予報章雜誌等，接著會給擦手的毛巾或濕紙巾。這是一般航空公司在乘客就座後航機起飛前迎接高艙等乘客的做法。也有航空公司會提供機上拖鞋（直接放置於乘客座位旁或前面的雜誌袋）。

二、乘客就座後的飲料服務

　　至於乘客就座的服務過程中是否需要提供歡迎飲料（welcome drink），完全依各公司的經營政策而訂，大部分航空公司只對高艙等乘客提供飲料，有水、果汁和可樂等，也有事先準備的熱咖啡和茶。至於泡茶，則須於航機起飛後機長關閉請繫安全帶的指示燈，或航機飛到一定高度（如一萬呎）客艙組員可以起身開始服務後，才會提供服務，以

空服員提供飲料服務

送餐車

圖片來源：長榮航空提供

避免因搖晃而燙傷乘客。

　　筆者見過有從台灣帶團去歐洲旅行的領隊，才剛登機（坐商務艙）就要客艙組員「泡」烏龍茶，雖經該客艙組員解釋航班立刻要起飛，且起飛前機上廚房不能煮開水，會有危險，請求等航機起飛後再為他提供服務，不料該領隊堅持，客艙組員無奈，幸好有鄰座乘客予以安撫化解。

　　正常而言，航空公司也會視航線的長短決定提供歡迎飲料與否，對有提供餐食的短程航班，航空公司大部分均於提供餐食的同時提供飲料。

第三節　不同的艙等有不同的餐飲服務

　　由於機上的餐飲及其用品、用具、免稅品、侍應品都是地面送來，所以負責機上餐飲的客艙組員要予以核對點收，辦好交接，如有異常，要當場處理。有關餐點的內容、菜單、分量及配送，航空公司有規劃部門，依航線、航機機型、乘客座位數和艙等等因素事先規劃預作準備後，再交由空廚業者（也是民航特許事業）提供送達，如有無法預知現場的突發需求（如航班嚴重延誤……），導致預作準備的數量不足而需臨時加餐的情形發生時，現場地勤人員則當場解決，必要時會與客艙組員協調處理。

　　近年來航空公司由於客機的客艙艙等逐漸減少，對專門飛航短程航線的客機由於是單走道的窄體機居多，大都是清一色經濟艙（Y-Economics class）的座位安排，如有商務艙（C-Business class）或

不同艙等有不同的餐飲，另有特殊要求者（如素食、兒童餐、回教餐、糖尿病餐等）購票訂位時可事先說明

頭等艙（F-First class）的座位安排，其座位平均也都在12個座位以下。因為航程短，客艙組員再忙也有限。

雙走道的廣體客機普遍有兩種等級以上的艙等，同一架客機的艙等越多，要提供的餐飲服務就越複雜。一般而言，航空公司也會對高艙等的旅客提供更高級的服務，而越高艙等乘客的要求也越高，如果高艙等客滿時，服務於高艙等的客艙組員更顯辛苦。

長程航線是用雙走道的廣體機飛航，客艙的艙等大致都有三個艙等，雖然也逐漸取消頭等艙，改以超級商務艙取代，但並未簡化服務，反而提升餐飲的提供，有關機上的視聽娛樂系統、座椅的操作、餐桌的使用、燈光的調整等設備都有重大的提升。設備越豪華，操作越陌生，客艙組員先要熟悉操作，以應付不會使用的乘客，這些服務也占用了客艙組員提供餐飲的時間。

一、高艙等的餐飲服務

高艙等的座位大部分是一排兩個座位。每家航空公司對於高艙等乘客的機上服務都訂有與經濟艙不同的標準作業流程（Standard Operating Procedure, SOP），大體上，航空公司對乘客在禮遇上的態度與原則（如歡迎與送別的致意）差別不大，但是在禮遇的做法與內容上可能會大不相同。

在客艙內不同艙等的服務各具特色。客艙組員要遵照航空公司手冊的程序去執行，但手冊的規定是原則性，無法趕上變化，客艙組員如果過度拘泥於手冊規定的程序與做法，缺乏隨機應變的彈性，可能所提供的服務被打折扣，甚至惹來客訴。

有關高艙等旅客的機上服務標準作業流程，航空公司皆另外訂定一套有別於經濟艙的流程，並挑選資深優秀的客艙組員施予特別的服務訓練。

至於餐飲的服務內容，各航空公司則各顯身手，各出奇招。在餐

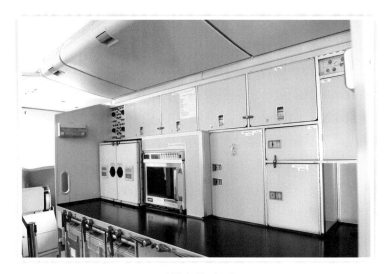

飛機上的廚房

食的提供上，會視航線的長短及航班起飛時間的不同而異，大致上分為早餐、午餐、晚餐及輕食，以及餐前與餐後的酒水服務。在提供餐食之前，客艙組員要先給乘客每人一份菜單及酒單，隨後再逐一問乘客喜愛的餐食。

機上餐飲服務的「藝術」

　　航空公司對乘客在機上有關安全的服務工作是不分艙等的，但對於與安全無關的機上餐飲服務，每家航空公司就各出招術，沒有統一的標準（不像處理安全會有一致的標準），甚至也有航空公司認為是一種獨特的智慧財產（know-how），不為其他航空公司代為訓練客艙組員的機上餐飲服務技巧。

頭等艙旅客的餐飲

　　餐桌桌面的布置航空公司也各出奇招，用餐前先鋪桌布，先給餐前飲料後再提供餐食。至於是否於服務餐食之前先提供前菜，各航空公司會依航線的性質（長短與時段）及艙等作安排，麵包則另有麵包籃的個別服務，如有餐後甜點，也是分開服務。

　　在長程航班上的正常午餐或正常晚餐，航空公司還會提供飯前酒及飯後酒。酒的服務次數至少兩次，飯前酒大部分是香檳酒或雞尾酒，用餐中是提供紅、白葡萄酒，飯後是烈酒。正餐也看用餐的時間與可用餐時間的長短，事先已經準備好送餐的方式與程序。有使用餐車加餐盤。

　　餐飲服務的服務程序與工作量是客艙組員所關心的，如果遇上客滿，連事務長都要幫忙。各種艙等有各自的服務方式與流程，艙等越高，流程越多。艙等越多，空服員要記的注意事項也就越多。

客艙組員的記性也要好

　　雖然客艙組員在機上的工作會有分配（尤其是廣體客機），但是有些乘客有需求並不按服務鈴，只要見到客艙組員，不管他是負責哪一艙區，就馬上提出自己的要求，當然客艙組員不會告訴乘客說此區不是他的服務區，而是一定要接受乘客的要求，且都是制式的回答「好的，馬上來！」，在忙碌的時候，忘記乘客要求沒有馬上來的客艙組員，比記住乘客要求真的馬上來的客艙組員多，因而遭埋怨客訴的情形也多。

二、經濟艙的餐飲服務

　　經濟艙的座位安排，在雙走道的廣體客機有左邊兩個、中間四個、右邊兩個座位，也有左邊、中間、右邊各三個座位；單走道的窄體客機則以左、右邊各三個座位，或左邊三個、右邊兩個座位的安排。因為經濟艙的乘客人數多，提供餐飲服務需要推餐車，為了時間上的考量，都用餐盤做一次性的送餐食與飲料，即餐盤裡有主食、麵包、前菜、杯水、果汁、餐具、餐巾、調味料等。送餐時就順便提供酒水，餐後的茶與咖啡則另以餐車服務。

劣等艙（last class）

【中央社紐約綜合外電報導】航空公司開始把最低價的機位稱作「劣等艙」《蘋果日報》稱其為「墊底艙」），而不是「經濟艙」，原因是這些位子真的很糟。即便這些位子可能和經濟艙一樣，但服務、價格和彈性可差得遠了。

英國《每日郵報》報導，業界分析師指出，這些機位的乘客從訂票到離開機場感覺都像次等公民。

專家表示，航空公司雖未正式訂出新的艙等，但私下會把最便宜的機位稱作劣等艙。

這些機位經由稱作濃縮的過程而排得更密（前後座椅距離很窄），客服次數也與花較多錢的乘客不同。這些乘客不能更動行程、不能退票也不能預先選位，否則都要另外付費。

劣等艙排在頭等艙、商務艙、經濟艙之後，接受服務比以上三者都差，所以其機上的餐飲服務可想而知（《台灣新生報》，2015/12/16）。

第四節　供餐的順序

一、飲料在先，餐食在後

每一架客機的乘客座位安排與各航空公司的經營政策及機型有關，不同機型的乘客座位號碼的編排順序就會不一樣。只有一種艙等的客

機，其乘客座椅都是一個規格，乘客座位號碼的編排，比較簡單清楚，有兩種以上艙等客機的乘客座位號碼編排，第一排的乘客座位號碼就不一定是1-，如6A與6C是左邊相連的座位，不是分開的，座位的左右是從A到K，自左到右，阿拉伯號碼少的座位在前。雙走道的座位，也要知道中間座位的號碼，如D到G是在中間排。有少數乘客在意服務的先後順序，客艙組員必須瞭解。可參考各公司各機型的客艙座位配置圖。

餐飲服務是先從飲料開始，送的順序也有學問。為了避免造成在同一艙等之乘客有差別待遇的感覺，航空公司也有原則性的服務順序，在同一艙等內，基本上是從前面座位開始，也有從後面先送的（理由是不要讓乘客看到有人在吃）。至於先從左或先從右服務，應由客艙組員以當下現場的狀況決定，沒有絕對，以不會讓乘客有差別待遇的感覺為主。基本上是先送飲料，後送餐食（至少要同時），再依座位編排的順序，提供服務準沒錯。

客艙組員未必喜歡在高艙等區服務

對客艙組員而言，有的比較喜歡在經濟艙等區服務，因為工作簡單明瞭。但被公司挑選派在高艙等區服務的，都是比較優秀的客艙組員，工作雖然辛苦，這也是給客艙組員一個晉升的機會。

整體而言，客艙組員的工作是辛苦的。長途跨洲際的國際航線，如果不是受到可以趁休息的機會順道國外觀光、購物的吸引，此種國際航線的客艙工作比國內或區域航線辛苦，時差、飲食以及對家庭的思念，會給客艙組員帶來疲憊，甚者會考慮請調地勤服務，或興起到當天可以來回的國內航空公司去當客艙組員的念頭。所以在台灣也有不少朋友寧願少賺一點，希望到以國內航線為主的航空公司工作，不但工作輕鬆（機上服務簡

單，沒有餐食），沒有時差，生活起居正常，又可以照顧家庭。

　　高艙等是航空公司含金量高的等級，雖然客機上已經逐漸取消頭等艙，改以超級商務艙取代，但從座椅的舒適程度，比既有的頭等艙座椅有過之而無不及。因此，除了票價貴之外，其餘的乘客不會不喜歡。然而，以客艙組員的角度，就非每位都喜歡在高艙等區工作，因為此等級的乘客有極少數對服務的要求甚至可以用「挑剔」來形容，帶給客艙組員莫大的壓力。

長榮空廚（左），右為配餐一景

圖片來源：長榮航空提供

二、國內與國際航線的餐飲有別

　　嚴格來說，機上的餐飲服務，就國內航線與國際航線而言是有差別的，原因之一與政府對國內航線的票價是採取先核准才可以販售的政策有關，亦即各國政府會考慮消費者的負擔能力而從低核定票價，對國際航線的票價是採取事後核備的政策，也無從考慮消費者的負擔能力，對

本身有利，所以會提供優於其國內航線的餐飲服務。特別是在台灣，非常明顯。因為沒有一條國內航線的飛行時間超過一個小時，而且都是用單走道的窄體客機飛航，沒有商務艙和頭等艙，也沒有夜航航班，在航機上沒有餐食的服務（只有在「戰國」時代有炒米粉），只剩下飲料的提供，服務單純，其國內航班上只有飲料服務，確實無法與國際航線相比。

連幅員廣大的美加地區或大陸地區，其國內航線的餐飲服務也不如其洲際航線的水準，抑又有進者，已有部分航空公司的國內航線，基於成本考量，已縮減對其國內航線的免費餐飲服務。只有在洲際長程航線的餐飲，為了競爭，才有不斷提升的趨勢。

三、因不滿而拒絕餐飲的乘客

筆者曾在去北京的航班上，剛登機就巧見商務艙左邊第一排A座已經就座的乘客，由於不滿客艙組員沒有在他登機時馬上為他掛衣服及送報紙，又見到比他晚登機的乘客（剛好是他的鄰座），不但有地勤人員送到登機門，該乘客還沒有坐定位，客艙組員就過來為他掛衣服，同時詢問該乘客要看什麼報紙。此一情景看在早已心有不甘的乘客眼裡，真不是滋味，於是心中的怒火全開，大罵客艙組員的不是，連接下來的餐飲也都回絕了。此案例也說明客艙組員的服務要一視同仁，察言觀色，小心為上。

但是也有航空公司的客艙組員遇到乘客要求客艙組員送十次咖啡，但都不滿意退回（可能是心中已有不滿），我們敬佩這位客艙組員的耐心，但對此不近人情的乘客，有時候客艙組員應該也不要太拘泥於規定，「顧客不一定都對」。

泡麵老少咸宜

　　由於航機上的廚房設備有限，旅客的需求又多樣化，能夠讓每位旅客吃到衛生安全的食物，航空公司就已經戰戰兢兢了，不敢奢求機上的餐飲能滿足每一位乘客的胃口，何況很多餐點並非自家的空廚生產，而是由配餐公司供應（尤其在國外），品質掌握不易。所以航空公司雖然用心提供機上餐食，但卻不容易獲得乘客的讚賞（尤其是經濟艙）。

　　在禽流感蔓延時期，航空公司要主動停止供應雞禽，在狂牛病流行時期，航空公司也要主動提供非疫區的牛肉。只有一種食品是老少咸宜，尤其是對亞洲人而言，那就是——泡麵，有航空公司推出後深受喜愛，後來因為有旅客在沖泡熱水的時候被熱水燙傷而取消。

　　無論如何，乘客最不願意看到的是差別待遇。筆者曾經看過前座的乘客，只因為他的座位是1A（靠窗），他認為客艙組員應該按英文字母的順序，先為他服務（按常理也應該先服務1A乘客），而1C是靠走道，客艙組員因為距離近，就先服務1C的乘客，引起1A乘客的不滿，認為是差別待遇。

　　筆者也見過常坐飛機的經濟艙乘客，看見高等艙位有空，還自認為座位空著也是空著，要求客艙組員將他換到高等艙去坐，他可以不要吃高艙等的餐食，要求客艙組員送他原有經濟艙的餐食就好，所幸該客艙組員客氣地要求該乘客加價搭乘（後來他回到自己的經濟艙去坐），否則也會引起高艙等乘客的不滿。同樣的道理，客艙組員對待在同一艙等乘客的服務，如果不一視同仁，厚此薄彼，如因坐在低艙等的乘客有自己的親友，即使沒有安排去坐高艙等的座位，但是給予超出該艙等應有

　　的服務，如送高艙等乘客的餐食或多給在該艙等沒有的侍應品（如過夜包等東西），都是不該有的行為，也是對同艙等乘客的一種差別待遇。

第16章 其他客艙服務

- 免稅品的銷售服務
- 菸、酒的約束
- 酒類的服務
- 影視聽、燈光、溫度、通訊與網路的服務
- 對誤點航班的服務
- 防經濟艙症候群的服務

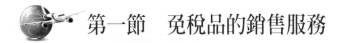

第一節　免稅品的銷售服務

　　由於免稅物品都是進口物品，都要付進口稅，所謂免稅是免進口稅，只有從國外採購（搭機）回國或在航機上購買，才有免繳進口稅的優惠。所以造成沒有時間在搭機前的市區或是機場免稅店購買的旅客，只有在機上購買，以至於機上免稅品的銷售，也成為航空公司的主要服務項目。有些商務乘客因忙於業務，來去匆匆，唯一可以購物的時間不是在機場就是在機上（有些物品只有在航機上才買得到），如果機上已賣完或因航程太短無法販賣，乘客就要失望了。

　　通常出國的乘客多少總會買些外國的東西回來送親友，也會給自己買名牌化妝品、手錶或皮包，因為可以免稅。所以在飛機上買名牌也是不少旅客的最愛，免稅品的銷售也成為航空公司服務旅客增加收入的另一項業務。但是機上空間有限，不可能裝上很多免稅品，如果航程太短（如少於兩個小時），能販賣免稅物品的時間也短，造成不夠賣或無法賣的情況，導致旅客有所抱怨。

　　筆者曾經搭上繫好安全帶的指示燈熄滅後，在提供餐飲前，客艙組員就馬上擺好免稅品展示，開始販賣免稅品的航班。此種做法是否與航空公司免稅品銷售政策有關，實不得而知。

　　因為免稅物品是可以出售的有價商品，所以航空公司對於免稅品品項價格、結算等帳務都有詳盡的規範。在網路發達的今日，航空公司與信用卡公司合作發展信用卡銷售業務，方便旅客與負責販售的客艙組員（不是任何信用卡都能使用）。但機上免稅品的銷售工作比較繁複（商品要查售價、現金要算費率、信用卡要等銀行回覆……）以及有時間的急迫性，容易出差錯，各航空公司對販賣的客艙組員都另外施予訓練。

飛機上免稅品的型錄

機上免稅品的儲存間

圖片來源：長榮航空提供

　　機上免稅物品是由航空公司在機場的免稅倉庫（有海關監管）送上航機，而且是裝在免稅箱並且上鎖。負責航班販賣的客艙組員要辦好交接。航空公司也規定負責販賣的客艙組員不得購買該航班的免稅物品。

　　另外，機上販賣有關膠狀、噴霧狀及液體狀免稅品時，因為各國的安檢規範不盡相同，客艙組員除了要明白各國的安全檢查規範外，為安心起見，上述免稅品要用安檢袋封籤包裝，並清楚告知乘客，以免在過境的機場被安檢單位沒收。

第二節　菸、酒的約束

一、禁菸的規範

　　早期的航空公司與民航法規並未禁止乘客在航機上抽菸，連空勤人員（飛航組員、客艙組員、飛航機械員、飛航通信員）都被允許在航機可以抽菸的地方抽菸，所以座椅的扶手及洗手間門的外面都有菸灰缸的設置（只希望乘客進洗手間前將菸熄滅）（目前雖已經全面禁菸，但仍有設有菸灰缸）。當時的航空公司為了顧及抽菸與不抽菸乘客的權益，在座位上有吸菸區與非吸菸區的區隔，不過在執行上常常遇到困難，且隔離效果相當有限，有抽菸習慣的乘客故意指定不吸菸的座位，想抽菸時才到吸菸區去吸菸，回座後還有菸臭味，不抽菸的乘客也有怨言。

　　後來慢慢體會到在機上抽菸可能造成的危險（火災），為了航機的飛航安全，國際民航組織（ICAO）就發起禁菸的號召，各國紛紛響應，並頒布「菸害防治法」，航空公司也遵照實施，取消客機航班的吸菸座位，國際民航組織（ICAO）規範於1996年7月1日起，全面取消可吸菸航班的座位（台灣於1995年7月1日起國內航線全面禁菸），同時於民航法規規範全面禁菸，客艙組員的機上廣播也提醒「本班機全面禁菸」，航機上也不販賣香菸等措施。

　　因此，客艙組員除了依法在安全示範時要明確告知乘客，在航機上抽菸是違法的行為，依法可以處新台幣一萬元以上五萬元以下罰鍰，

洗手間內禁止吸菸

圖片來源：長榮航空提供

更要明確告知乘客，也不允許在洗手間內抽菸，不但會觸及煙霧警報系統，也是違法的行為。客艙組員制止乘客抽菸是於法有據，難度不高。如真有不配合的乘客，可以報告機長，由機長視情況採取必要的措施。

二、飲酒的規範

至於飲酒，雖然「航空器飛航作業管理規則」第51條規範，「任何人於航空器內不得飲用酒精性飲料，但該飲料係由航空公司於餐飲服務時所提供者，不在此限」。如果只有前段禁止飲用酒精性飲料的條文，沒有後面的但書，就與禁菸一樣，沒有例外。問題似乎簡單，可是不近情理，因為乘客搭機可能是興奮的，也可能是辛苦、無聊的旅行（尤其長途飛行），航空公司不提供酒精性飲料給能夠喝的乘客似乎說不過去。

除了宗教信仰不喝的乘客，或是航機飛越阿拉伯回教國家領空，航空公司要停止供應酒精性飲料外，航空公司在乘客用餐的時間都會供應酒精性的飲料給旅客飲用，甚至在時間足夠的航班上，客艙組員在乘客用餐時間不只提供一次酒類的服務，包括餐前酒與餐後酒的提供。

乘客長途飛行會無聊，藉酒消除無奈的大有人在，會喝酒的乘客認為航空公司在航機上提供的酒是免費的，有不喝白不喝的心態，有些不能喝酒的乘客也做此想法，於是不勝酒力或酒品不好的乘客，因喝酒過量鬧事的也偶有發生，因而造成對飛安的影響，航班迫降送交警察單位處理的案例偶有所聞，甚至登上媒體版面。

因此，如何預防乘客在航機上酒醉滋事就成為航空公司另一件傷腦筋的事。

「航空器飛航作業管理規則」第51條第二項規範，航空器使用人不得於其航空器內提供酒精性飲料予「已顯示醉態者」。因此，客艙組員在機上提供酒精性飲料服務時，要特別注意喝酒乘客的反應，如有過量的疑慮，則要停止供應或採取拖延提供的方式，讓乘客穩定。同條第三項規範，航空器使用人得拒絕已顯示醉態者登機。因此，客艙組員對於乘客於登機時，已顯示醉態者，則報告機長，依法拒絕其登機，如有託運行李時，則通知機場地勤人員將其行李卸下。

酒類的提供是航空公司的一門學問，要配送多少上飛機？要準備多少種類？須否收費？如何防止旅客在空間狹小的機上喝醉酒？這些都需要航空公司仔細斟酌的考量。

下列是一則乘客於機上酒醉鬧事的新聞：

《紐約每日新聞》報導，一架美國航空2232由美國加州聖荷西飛往達拉斯的客機，當地時間週二（20日）起飛後，機上一名喝醉酒的乘客開始大吵大鬧，空服員上前制止，過程中該名乘客突然做出手槍的手勢，並對著空服員威脅要開槍，經通報機長，機長立刻決定將班機轉降在途經的鳳凰城機場，降落後航警立刻將此名醉酒乘客帶走，航機才繼

續行程。

　　消息指出，飛機剛起飛，這名26歲的男性醉客，就以每五分鐘一次的頻率往返廁所，並不斷地大吼大叫，航警登機將他雙手束縛後帶走，班機行程因此延誤近九十分鐘，美國航空已經決定要向此人採取法律行動（《蘋果日報》，2015/10/21）。

第三節　酒類的服務

　　上一節所討論的是在航機上客艙組員對已顯示醉態乘客的處置比較麻煩，要謹慎應付，但畢竟在航機上真正喝醉酒鬧事的乘客不多，而且航空公司在客機上為乘客提供酒類的服務是一種助興，所有航空公司都這麼做，也是法規在「但書」上允許的服務，到現在沒有一家航空公司例外，甚至有航空公司針對高艙等的乘客提供更高檔的服務，與加強訓練客艙組員在提供酒類服務方面的技巧。

　　酒精性飲料可以為人們助興，在正式的歡迎場合如酒會，酒會裡有香檳酒、雞尾酒（調味酒）等餐前酒。用餐時有白葡萄酒、紅葡萄酒及含酒精濃度高的白蘭地或威士忌等。在高空上用餐更是別有一種情調，乘客可從機艙內往外看，晴空萬里，白雲朵朵，再配上美酒，是絕佳的人生享受。所以航空公司會挑選時下最夯的酒，免費服務乘客。

　　航空公司既然要提供美酒，就要精選酒杯來搭配。喝什麼酒用什麼酒杯是要考究的，用錯杯子會貽笑大方（有客艙組員發生過）。有關酒水所用的容器與使用時機，航空公司均會訓練。航空公司不只告知客艙組員提供乘客什麼酒要用什麼杯，也要訓練用何種方式送給乘客；視乘客多寡，選用餐車或送飲料盤。第二次提供時，又要如何服務等，航空公司都要對客艙組員施予訓練。

　　喝酒，對懂得喝的人來說，是一種享受。所以，客艙組員在提供服務的當下，要注意問話的口氣／語氣與音調，切勿如同菜市場般的叫賣

飛機上提供的酒類服務

態度（在客滿的經濟艙服務偶爾會因乘客的緣故而發生）。尤其面對已有酒意的乘客，更要知道如何應對，必要時報告機長。

至於客艙組員須否學習「調酒」，則視各航空公司的機上乘客服務政策而定，有需要的航空公司可能會請專業的調酒師來訓練。

航機上要結束提供酒類服務的時間不是航程快結束、航機要準備下降，就是要讓乘客休息的時候。客艙組員也在忙碌之後，可能因為倦怠，可能急著結束工作想下班，收工的動作往往會比較草率，酒杯、刀叉掉落地上已非新鮮事，客艙組員應小心謹慎。

第四節　影視聽、燈光、溫度、通訊與
網路的服務

一、影視聽

提供機上乘客餐飲外的創新服務，也是航空公司用來招攬旅客的思維。搭乘飛機的乘客除了飲食之外，在長程航班上最在意的事就是機上的電影、電視新聞、娛樂、網路與通訊。除了有乘客個人使用的系統裝置（目前連經濟艙也有），乘客可以自行操控影片、電視、音樂外，其餘裝設在各艙區供公共觀賞的系統就要由客艙組員操作，無法由乘客自由選擇。

限於航機有限的空間與條件，航空公司的機上服務，能變的花樣實在不多，就以視聽娛樂為例，從乘客只能用耳機（沒有耳機無法聽到音樂，早期乘客要另付美金一元，才給耳機）才能聽到音樂聲音，到有影

飛機上的視聽設備

飛機上的視聽設備

片的音樂帶,再進步到可以有個人視聽設備,直到可以打衛星電話,乃至今日的Wi-Fi等發展,但仍然有些限制與不便,還是不足以滿足所有的乘客。

《航空運輸世界》(*Air Transport World*, ATW)2015年10月26日報導,卡達航空集團(Qatar Airways Grooup)首席執行官Akbar A1 Baker於2015年10月20日在德國漢堡舉行的國際航空運輸協會(IATA)世界乘客研討會上分享了他對世界航空商務旅行未來的看法。他表示,可預見有朝一日,市場上將可以不要IFE(In Flight Equipment)系統,「乘客會自行攜帶自己的智慧設備,將它掛在自己的座位上並隨意選擇希望觀看的內容」,讀者可以拭目以待。

二、燈光

客機上的燈光系統除了在乘客座位上是由乘客自行操作外,其餘都由客艙組員操作,客艙的亮度會視客艙當時作業的需要由客艙組員調

座位上方的燈光與空調控制開關

整，例如：乘客要休息時，燈光調暗；乘客用餐、乘客登機與下機、免稅品販售時燈光要調亮；長程航線要提醒睡覺的乘客起來用早餐時，會先開微光，讓乘客調適，隔一些時間才全開燈光，不是馬上全開。

以上的燈光是乘客關心的，其實客艙最重要的燈光是緊急逃生的指示燈光，在客艙地板上、在客艙天花板上、在乘客座椅上都有設置，這些燈光的位置，客艙組員在安全示範時都有介紹，乘客無法開啓，在緊急需要時由組員打開，乘客則要依燈光指示逃生。

三、溫度

客艙溫度是比較難讓所有乘客都滿意的，例如設定一樣的客艙溫度，於航機起飛爬升的過程，客艙的溫度感覺比較低（因爲升高），乘客多，感覺比較暖。除了窄體機乘客座位上方的行李廂底下有冷氣調整裝置，可由乘客自行操作風量外，廣體機的客艙溫度調節，都由客艙組員集中操作。在長程的航機上，特別是乘客蓋毯子睡覺時，有些乘客會

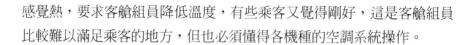

感覺熱，要求客艙組員降低溫度，有些乘客又覺得剛好，這是客艙組員比較難以滿足乘客的地方，但也必須懂得各機種的空調系統操作。

四、通訊與網路

　　由於航機飛航組員在飛航過程中與航管單位的聯繫都使用無線通訊系統，乘客無法在航機上使用無線電話，後來有航空公司利用衛星，在機上可以幫需要的乘客接通電話的付費服務，當時就成為吸引乘客的方法之一。

　　由於商務旅行的乘客皆希望搭機時間也能辦公，所以除了電話外，電腦的使用也非常頻繁。自從有手提電腦後，航空公司開放乘客有限度的使用，提供機上電源的充電，也是航空公司注意的地方。然而航機上的通訊要靠衛星，航空衛星移動系統是在1988年透過海事衛星進行飛行通信實驗，於1991年經由海事衛星在印度、新加坡及英國三個地球站，向太平洋、印度洋及大西洋上空的飛機提供通信服務，並已實現在車、

飛機上有限度開放乘客使用3C產品

船及飛機等移動運具上的通信，同時也已建置完成手機等數位化通信，並朝更大寬頻服務發展。

目前已有航空公司於某些機種提供Wi-Fi及行動通信服務。

第五節　對誤點航班的服務

航班不能準點的原因很多，有航空公司本身的原因（如飛機的維修、飛機組員的調度、航機調度不當等），有天候的原因，有旅客本身的原因（如遲到、證件欠缺、臨時生病等），有機場的原因（如空橋故障、跑道整修、跑道不足等），有塔台管制的原因，如果確實是因為離／到機場的飛機太多的流量管制，或者是緊急的生命技術降落，大家都還能忍受，一般人可能不知道飛機會有插隊而造成航班延後起飛或降落。當然我們也不願意看到航空公司為了解決航班的準點而省去航機到站時應有的艙內清理。

既為定期航班，航空公司就要按表操課，改進航班的準點率才是正確的辦法。航班不準時會造成旅客的不便，嚴重還會鬧事，更嚴重的是不下機或拒絕登機，造成航空公司的困擾。但如果航班誤點是可歸責於航空公司，航空公司就要負起責任，不能老用業界慣用的理由「因為來機晚到⋯⋯」的說法，將責任撇清，好像與航空公司無關。但旅客仍會認為來機晚到是航空公司的原因，旅客還是無辜的受害者（不過如因天災等不可抗力的原因，雖然航空公司也是受害者，航空公司還能對乘客提供妥善的安排，乘客應該給予鼓掌）。

各航空公司對於航班不能準點的做法有很多，各家的處理方式也都大同小異，只有數量與價值會有不同。視延誤情況的輕重會給予不同的補貼。補貼方式包括給折價券、提供交通、提供餐飲、提供通訊、提供住宿等；不管效果如何，這已經充分體現航班準時的重要性，也體現航班誤點的嚴重性了。

　　搭飛機與搭鐵路或汽車不同，就算已經買好機票，旅客還是要在航班起飛前的一定時間內（國際航線要比國內航線更早）到機場辦理劃位，還要通過安全檢查及證照查驗等手續。航空公司在旅客辦完報到劃位以後，還要準備餐點、製作艙單（manifest）、完成計算飛機的載重平衡及航務（飛航計畫）、海關等手續，飛機才可以起飛。機場櫃檯與登機門會有一段距離，客人如果有託運行李，航空公司還要辦理過磅、安全檢查及送上飛機，所以要給航空公司作業的時間，不能和搭鐵公路運輸一樣，只要在發車前到月台就好。

　　機場工作人員最怕的航班異常是「航機故障」，機務人員常常無法給機場地勤人確切的修復時間（機務人員也很難為），使得面對旅客的現場人員不知要如何答覆旅客，說久一點，客人不滿意；說早一點，萬一還修不好，會更糟。

　　造成旅客不滿的還有天氣原因（尤其台灣常有颱風），航機無法準時起飛或降落，航空公司及乘客都是受害者，但航空公司基於服務的立場，要負起責任，對於因而延誤或轉降所產生的費用自行吸收不談，還要忍耐旅客的抱怨。有關颱風不得已的轉降，航空公司要做到何種程度顧客才會滿意？恐怕短時間是一個無解的難題，有賴於大家敞開心胸，一起來思考解決（蘇宏義，2015）。

　　所以客艙組員遇上航班不準點時，自乘客登機時起至乘客下機時止，要特別注意乘客的情緒，小心服務。

第六節　防經濟艙症候群的服務

　　飛機經濟艙的座位比商務艙或頭等艙窄小，坐在經濟艙的座位上，活動起來沒有商務艙或頭等艙來得寬敞。但所謂「經濟艙症候群」，嚴格說來應該與經濟艙無關，而是乘客如果長時間坐著不動，會有礙血液循環。雖然為了乘客安全，防止突如其來的亂流，機長不希望乘客於飛

機飛航途中在機艙內隨便走動，就座時希望能繫好安全帶，但旅客自己
可以在座位上活動筋骨。有航空公司考慮經濟艙旅客的處境，已在長途
航班上，提供乘客舒緩筋骨的影片，或在其機上雜誌刊載搭機健康須
知，提供乘客防止深部靜脈血栓的方法，如伸展手臂、轉動脖子及腳踝
等，也有由經過訓練的客艙組員在機上現場解說如何舒緩筋骨的服務。

長榮機上雜誌的搭機健康須知

圖片來源：長榮航空提供

NOTE.....

第17章

機上廣播

- 機上廣播的重要性
- 如何廣播？
- 廣播的技巧

第一節　機上廣播的重要性

千萬不能小看機艙內的廣播系統，它是非常重要的。

航機在地面未起飛還好，剛起飛加速爬升時，即使廣播系統正常，還是聽的不清楚，尤其是螺旋槳或是機齡較大的飛機，有時候連機長的航路報告也難以聽清楚，更不用說廣播系統故障。

機艙內的通訊方式，除了近距離的對話用口頭外，叮噹鈴聲以及廣播都是通訊的方式，尤其叮噹聲音，多半是駕駛艙飛航組員與客艙組員的任務或情況告知。乘客與客艙組員的溝通，最好是使用座椅上的客艙組員按鈕——服務鈴，勿長距離大聲呼喚客艙組員，客艙組員也要隨時留意服務的鈴聲與燈光，不要讓旅客久候（常有讓乘客久等的情況發生）。

客機上的廣播系統是客艙通訊系統的一部分，而客艙通訊系統也是航機客艙裝備最低需求中的一項，與航空器的適航條件關係密切。因為機長或事務長對所有乘客的宣達，只有用廣播最直接有效。

因為客機機艙會有發動機傳進來的聲音，剛起飛爬升的階段更是吵人，連與鄰座乘客講話都要放大音量才能聽得清楚。所以航機上不能沒有廣播系統，且要維持廣播系統的堪用狀況。如果航機的廣播系統效果不好，而又有重要事情須告知乘客，這時候客艙組員就只有設法改用其他方式告知乘客。不過，效果一定不佳。

有關在航機上對乘客的廣播（非組員之間的通訊），最重要的緊急撤離外，其餘大部分的內容都是民航法規規範航空公司必須告知乘客的安全注意事項，以及航空公司向乘客表示歡迎與感謝的廣播，還有有關航班資訊、供餐、免稅物品販售等的告知，雖然沒有緊急逃生的廣播重要，但這些也是乘客所關心的訊息。

第二節 如何廣播？

　　客艙組員是航空公司在航機上與乘客相處時間最長，也是最直接面對乘客的工作人員。廣播是航空公司直接對「全體乘客」表達最有效的方式，所以顧及客艙組員廣播用語的一致性，航空公司都提供客艙組員厚厚的一本廣播的台詞（手冊），交由播報的客艙組員廣播。這些編好的台詞，有關好機艙門準備後推滑行時的「歡迎詞句」，包含：本航班機長和事務長的名字、航班號、由○○飛（機場名或城市名）及安全示範（請注意觀看……）等的播報內容。

　　為了航機上關好艙門後給旅客對準備起飛前的廣播留下好的印象，航空公司會挑選聲音清晰口語標準的客艙組員播報，所以廣播的客艙組

空服人員利用通訊設備進行聯絡與廣播

員不一定是該航班的事務長。也有航空公司視航線乘客的多寡，會招募外籍空服員，而由該航班的外籍空服員做英語以外的語言播報。例如日籍乘客多的非日籍航空公司（如華航、長榮）、泰國籍乘客多的非泰國航空公司、越南籍乘客多的非越南籍航空公司等，其航班上都備有該國籍的客艙組員，來提供更完美的機上廣播服務。也有航空公司招募只在機上做翻譯工作的外籍翻譯員（如荷蘭航空台北—阿姆斯特丹航線上有台籍翻譯員），翻譯員不可以從事機上的旅客服務工作。足見語言在溝通上的重要性，也證明航空公司除了在服務上用心外，對萬一面臨緊急逃生時，協助旅客妥善逃生的苦心。

一、使用何種語言？

客艙廣播所用的語言非常重要，所用的第一種語言當然是航班所屬航空公司的國家政府所用的語言，如台灣註冊的航空公司所飛的航班，其所用的第一種語言當然是「國語」（Chinese），但接下來要用的第二種語言就不一定。

2015年10月26日《蘋果日報》報導，台灣虎航招考客艙組員，懂韓語、日語的考生特別吃香（因為虎航要飛航韓國與日本）。

有關廣播所用的語言要用幾種？民航法規並無明文要求，只規範航空公司要告知乘客有關搭機的安全事項。所以航空公司最少會用所屬國家的通用語言與英語來表達。如果廣播所使用的語言過多，會導致航機降落後如果滑行的時間太短，負責廣播的客艙組員不是播報不完就是快速唸完，應付了事。

筆者曾搭過日本航空由東京羽田飛往韓國漢城（現在的首爾）的航班，機上滿載的乘客都是黃皮膚的，該航班只用日語播報，令筆者納悶的是：該航班的組員難道認為機上所有的乘客都聽懂日語？只使用一種語言未免也太簡單了。反觀有部分國家的交通主管機關為了便民，要求其航空公司在其航班上的廣播，除了官方語言與英語外，還要再加上當

地的方言,導致其客艙組員花上不少時間苦練方言的發音,廣播時也看了小抄的注音,還是無法達到標準,眞是難爲了客艙組員!

二、由何人廣播?

客機上的廣播不是飛航組員(機長)就是客艙組員(事務長)。飛航組員從駕駛艙的廣播,大部分是由機長廣播,也會由副機長代表機長廣播;客艙組員的廣播,有全程都由事務長擔綱的,也有挑選口齒流利聲音好聽的客艙組員來擔任的。

如航班上有外籍客艙組員時,在本籍客艙組員廣播完後,接著就由該航班的外籍客艙組員(非翻譯員)用其國家的語言來廣播。

空服人員座椅旁的通訊廣播設備

圖片來源:長榮航空

　　由於只有由航空公司指派在航機上工作的組員才可以執行機上的廣播。所以基本上有關對乘客的廣播一定是由客艙組員擔任，有時候乘客會發現有航空公司派遣的「翻譯員」拿麥克風廣播，事實上他只是航空公司為了服務乘客所聘僱的翻譯員，是在翻譯剛剛客艙組員的播報內容。翻譯員只能提供為乘客的翻譯服務，不可以執行客艙組員的工作。也就是說，在機上對乘客的廣播，除了機長外，大部分是客艙組員。

第三節　廣播的技巧

　　為什麼廣播電台、電視台的播音員、節目主持人不但聲音好聽，而且總是口齒清晰、侃侃而談，雖然可能有大字報可看，但他們仍跟平常的談話一樣，一點都不生硬，更不像在背書本，讓聽眾與觀眾的感覺很好，其實這也是苦練出來的。

　　航空公司也希望客艙組員的廣播能給乘客帶來良好的第一印象，考慮客艙組員廣播的方便，都會提供給客艙組員的廣播台詞範本，經常搭機的乘客不難發現，有不少客艙組員不是生硬的照稿唸，就是毫無感覺的老套廣播，如同背誦，隨便敷衍了事，殊不知廣播台詞範本畢竟是範本，要予以消化，變成口語，也要活用。否則如果萬一臨時遇到範本裡面未列舉的情況，或是要翻譯機長有關臨時狀況的廣播，則客艙組員的廣播就會顯得生硬，甚至由事務長親自上陣，情況也好不到哪裡，一樣結巴不流利。遑論要求客艙組員的廣播，對所用的語文發音的標準，講什麼話要像什麼話的音調，速度要跟講話一樣，要有抑揚頓挫。

　　在客機的飛行過程中有機長（或副機長）的廣播，雖然頻率沒有事務長（或客艙組員）多，但機長的播報會影響乘客搭機的心情，其音調、語氣、內容也會帶給乘客安心，許多乘客非常在意。對於聽起來像是照稿唸的播報，容易引起乘客胡思亂想，對於丹田無力的播報，會有乘客認為休息不足，精神不濟。事務長的播報亦復如此，尤其乘客可以

看見播報人員的面孔與神情。為避免廣播出錯，可以看小抄，但不能如同背書，否則乘客會懷疑事務長的工作能力，影響搭乘的信心。

　　機上的廣播是報告給乘客聽的，而且是執勤時一定要做的事情，奉勸有意加入客艙服務的朋友們平常多加注意與練習，對以後的客艙服務工作會有幫助。

NOTE......

結　語

客艙組員的工作是辛苦的也是多彩的

　　國父孫中山先生說：「人生以服務爲目的。」服務是神聖的工作，客艙組員不只服一己之務，還要在狹小的客艙爲來自各方的乘客服務，是非常辛苦的。

　　誠如本書中所談的，航機在飛行途中雖難免遇上亂流，客艙組員皆能習以爲常，應付自如，輕而易舉爲乘客提供餐飲的服務。然而客機上的乘客來自世界各地，乘客中有年長者、年幼者、孕婦與嬰兒，有身心障礙乘客、擔架乘客、病患與被戒護人等，乘客也有酒醉、吸菸、謾罵等不易規範的，客艙組員需要付出更多的心力去服務。若不幸遇上劫機、恐怖攻擊或是其他原因需要緊急撤離逃生的情勢時，客艙組員就要發揮受訓及定期複訓與演練的作爲，不可以如在爲乘客提供餐飲服務的態度，應該要非常機警、明快、鎮定地指揮乘客逃生，以使傷害減至最低。

　　客艙組員在窄小的客艙上服務是一件辛苦且需要耐心的工作。客艙組員光鮮亮麗的背後，確實有許多不爲人知的酸甜苦辣，尤其女性客艙組員有受過乘客性騷擾而忍氣吞聲、有被乘客窮追不捨地騷擾，也有在機上巧遇如意郎君、在機場遇上送花求婚等情況，不勝枚舉。然而不如意的畢竟是少數，因爲想環遊世界、翱翔天際的魅力不曾稍減，成爲空服員仍是許多年輕朋友追求的夢想。

　　客機上爲了乘客的安全一定要有客艙組員，客艙組員在航機上最主要的工作不是乘客所看到的提供餐飲服務，而是萬一發生緊急情況的協助乘客逃生任務，我們希望航機的緊急逃生永遠不會發生，萬一不幸發生，乘客都可以在客艙組員的專業協助下，安然無恙度過，則客艙組員

幸甚！航空公司幸甚！

　　人類的慾望是無窮的，服務永無止境。用同樣一個標準遞給乘客一杯水，都難以滿足所有乘客，有嫌太涼，有嫌太燙，有嫌太滿，有嫌太少，莫衷一是。這些反應，客艙組員都不以爲意，只有祈禱航機安全飛航，乘客平安抵達！再多的委屈也是值得。

　　最後，在數位化發達的今日，筆者期待客艙組員的各項文書作業，如客艙記事（cabin log）等能早日實現E化，減輕客艙組員在客艙服務以外的工作量。

　　空服員們～祝福你們！

後 記

　　拙著之出版首先要感謝揚智文化事業公司閻總編輯的厚愛，於2015年5月出版《航空運輸實務》一書之際，囑咐筆者再就書中的空服員部分撰寫專書，讓我有機會對相關的民航法規再做一次徹底的研究，發現航空公司在客機上派遣空服員是以保障乘客的安全為主要任務。

　　拙著能順利出版也要感謝經濟日報事業處綜合產業中心陳俍任主任給我最後衝刺的力量，感謝民航局何淑萍副局長、林俊良組長、喻宜式副組長、前秘書室魏貽楙主任等的資料提供，感謝長榮國際公司戴錦銓總經理的方向指引，感謝長榮航空林寶水董事長、陳憲弘總經理的支持、柯金成發言人的關心、楊永恆副總的協助，感謝長榮航太科技公司張哲承董事長的熱心，感謝長榮國際公司文化事業本部馮彩雲協理與其團隊的圖片提供、國際廣報部陳麗萍副理的辛勞，感謝立榮航空張純暉協理、楊嘉明協理、廖雨珍經理、陳戴男經理、陳永裕經理、馮美莉經理、楊秀滿課長等同事隨時為我犧牲假期。有你們真好！

　　最後，要謝謝在我撰寫與校稿期間為我泡咖啡的老婆，她研磨的咖啡帶給我不少靈感；謝謝兒子、媳婦為我救回失去的電腦資料，以及安排本書插圖的拍攝。感謝你們！

參考文獻

一、書籍報刊

蘇宏義（1979）。《空運學原理》。台北市：歐語出版社。

蘇宏義（2015）。《航空運輸實務》。新北市：揚智文化。

高聰明（2000）。《航空電訊用語》。桃園市：長榮航空。

二、法規

民用航空法

民用航空保安管理辦法

民用航空運輸業管理規則

航空器飛航作業管理規則

航空器登記規則

航空器適航檢定維修管理規則

國際民用航空公約（芝加哥公約）

國際安檢法規ICAO第17號附約

國際航空運輸協會IATA危險品規則

海牙議定書

三、其他

全球航空公司代碼（可上IATA及ICAO網站查閱）

在台灣營運的航空公司及其兩位代碼（可參考台北市航空運輸商業同
業公會印製的聯合班機時刻表）

維基百科網站

附錄一　常用航空專業用語與縮寫

A

A/C ACFT Aircraft　航空器

AGED　年長旅客

AGS Airport Ground Services　機場地勤公司

AIRCGO Air Cargo　航空貨物

Air Carrier　航空公司

Airport Terminal　航空站

Air Show　飛航資訊

AOC Airline Operations Center　航務中心

AOG Aircraft On Ground　航空器待修

AOM Airplane Operations Manual　航機操作手冊

AOR Aircraft Flight Operation Regulations　航空器飛航作業管理規則

AOXY　Airline Supplied Oxygen　額外供氧旅客

A/P APT Airport　航空站／機場

APCH Approach　航機進場

APU Auxiliary Power Unit　輔助動力系統

ARVD Arrived　到達

ATA Actual Time Arrival　實際到達時間

ATC Air Traffic Control　飛航管制

ATD Actual Time Departure　實際起飛時間

B

BAG Baggage　行李

Baggage Claim　行李領取

Baggage Tag　行李條

BBML Infant/Baby Meal　嬰兒餐

BKG Booking　訂位

BLND Blind Passenger　視障旅客

BMUC Bonus Mileage Upgrade Coupon　里程累積獎勵券

BRDG Boarding　登機

BSCT Bassinet Carrycot　壁掛式嬰兒床

C

CAA Civil Aeronautics/Aviation Administration　民航局

Cabin Baggage　手提行李

CAPT Captain　正駕駛／機長

Carry-on Baggage　隨身行李

Catering　配餐

CBBG Blocked Seat Cabin Baggage　客艙占位行李

C/C Cabin Crew　客艙組員

C/CL Business Class　商務艙

CCR Cockpit Crew Rest　飛航組員休息室

CEP Cabin Evacuation Procedure　客艙逃生程序

CFG Configuration　客艙座位配置

CHD Child　孩童

Charter Flight　包機

Check-in Baggage　託運行李

Check-in Counter　報到櫃檯

CIP Commercially Important People　商務貴賓

CIQ Customs, Immigration, Quarantine　海關，移民，檢疫

CLB Cabin Log Book　客艙記事簿

CM Cockpit Member/Flight Crew　飛航組員

Cockpit Flight Deck　駕駛艙

CP Check Pilot　檢定機師

CPT Captain─Pilot-in-Command (PIC)　機長

C/P Chief Purser　事務長

CRS The Child Restraint System　兒童安全座椅

CRW Crew　組員

D

DCS　Departure Control System　離境管制系統

DEAF　Deaf Passenger　聽障旅客

Decompression　客艙失壓

DEPA　Deportee, Accompanied by an Escort　驅逐出境旅客，有戒護人員陪同

DEPU　Deportee, Unaccompanied　驅逐出境旅客，無戒護人員陪同

DG　Dangerous Goods　危險品

DGR　Dangerous Goods Regulations　危險品規則

Door Attendant　工作崗位組員

DOT　Department Of Transportation　美國交通部

E

EBAG　Excess Baggage　超重行李

ECM　Extra Crew Member　額外組員

Emergency Equipment　緊急裝備

Emergency Exit　緊急出口

EQV　Equipment Varies　各種機型

ETA　Estimated Time Arrival　預估入境時間

ETD　Estimated Time Departure　預估離境時間

F

FAA　Federal Aviation Administration　美國聯邦航空總署

FAR　Federal Aviation Regulations　美國聯邦航空法規

F/CL　First Class　頭等艙

Ferry Flight　飛渡

FES　Fire Extinguishing System　消防系統

Fire Fighting　滅火

FLT NO　Flight Number　飛航班次

F/O　First Officer　副駕駛

FYI　For Your Information　提供參考

G

GA Go-around 重飛

G/D General Declaration 組員艙單

GH Ground Handling 地勤作業

GHA Ground Handling Agent 地勤代理公司

Girt Bar 逃生滑梯固定杆

GRP Group 團體

GSA General Sales Agent 總代理

I

IATA International Air Transport Association 國際航空運輸協會

ICAO International Civil Aviation Organization 國際民航組織

IFE In-Flight Entertainment 機上娛樂系統

Instructor 教師、教官

INAD Inadmissible Passenger 被拒絕入境旅客

INBD Inbound 入境

INCP Incapacitated Passenger 殘障或病患旅客

INSPN Inspection 調查

INTL International 國際

INTPH Interphone 客艙通話系統

INVL Involuntary Upgrade 非志願升等

I/O Instead Of 代替

IOSA IATA Operational Safety Audit IATA作業查核

IP Instructor Pilot 教師機師

IRP Irregularity Report 異常報告

IRRG Irregular 異常

ISO International Standard Organization 國際標準化組織

J

JCM Jump Seat Crew Member 占組員座位的組員

L

LAA　Local Airport Authority　當地機場當局

LCL　Local　當地

LDG　Landing　降落

Leg　航段

LGT　Light　燈光

LIC　License　執照

LIQ　Liquid　液體

LT　Local Time　當地時間

Lost & Found　行李查詢櫃檯

M

MAAS　Meet On Arrived and Assist　接機與協助

MAINT　Maintenance　維修

MAX　Maximum　最大限度

MCR　Mobil Crew Rest　組員休息區

M/D　Main Deck　主甲板

MECH　Mechanical　機械的

MEDA　Medical Case　醫療案例

MEL　Minimum Equipment List　最低裝備需求

MFST　M/F Manifest　艙單

MIN　Minimum　最少／小

MISG　Missing　遺失

MM　Maintenance　機務

MOT　Ministry of Transport　交通部

N

NML　Normal　正常

NO　Number　號碼／數目

NOTAM　Notice to Airmen　飛航公告

NSML　Salt Free Meal　不加鹽食物

NSTP Non Stop 直飛

O

OAG Official Airline Guides 航班時刻指南

OAL Other Airlines 其他航空公司

OBD On Board 在機上

OBW On-Board Wheelchair 機上用小輪椅

OCCPD Occupied 占用

OEM On Board Engineer Member 隨機機務

OJT On Job Training 線上訓練

OPN Open 開啟

OUBD Outbound 出境

OVSL Over Sale 機位超賣

OXYG Oxygen 額外供氧旅客

OW One Way 單程

P

PA Public Address 機上廣播

Partial Security Check 航機局部檢查程序

PAX Passenger 旅客

PBE Protective Breathing Equipment 可攜式防煙面罩

PD Per Diem 出差津貼

PED Portable Electronic Devices 可攜式電子用品電源按鈕

Personal Items 個人物品

PIC Pilot In Command 機長

PIL Passenger Information List 搭機旅客摘要資料名單

PKG Package 包裹

PLN Flight Plan 飛航計畫

PNR Passenger Name Record 旅客訂位紀錄

POC Portable Oxygen Concentrator 攜帶式製氧機

PONO Pre-order Number 網上預選代碼

POXY Portable Oxygen Passenger Carried 旅客自備攜帶式製氧機

PRGN Pregnant Women 懷孕婦女

PS Plus 附帶

Q

QLTY Quality 品質

QNTY Quantity 數量

R

RCC Rescue Coordination Center 搜救協調中心

RCFM Reconfirm 再確認

RCVD Received 收到

RGDS Regards 致意

ROGER 聽到，用於無線電對講機

RT Round Trip 來回行程

RWY Run Way 跑道

S

Schedule Flight 定期航班

Security Inspection 保安檢查

SMS Safety Management System 安全管理系統

SOP Standard Operating Procedures 標準作業程序

SPML Special Meal 特別餐

STA Scheduled Time Arrival 表訂抵達時間

STBY Stand-by 後補

STCR Stretcher Passenger 需要擔架旅客

STD Scheduled Time Departure 表訂起飛時間

T

TAIL Tail Wind 順風

TLB Technical Log Book 飛航及維護記事簿

Transit/Transfer Passenger 轉機旅客

Transit Lounge 過境室

Travel Agent 旅行社

TT Traffic 運務人員

TUR Tour 旅遊團

TURB Turbulence 亂流

TWOV Transit Without Visa 過境無簽證

TWY Taxiway 滑行道

TYP Type of Aircraft 機型

TYPH Typhoon 颱風

U

U/D Upper Deck 上艙

UFA Until Further Advised 待進一步通知

UM Unaccompanied Minor 無（成人）同行兒童

UNCFMD Unconfirmed 未確認的

URG Urgent 緊急

UTC Universal Coordinated Time 國際標準時間

V

VIP Very Important People/Person 貴賓

VIP Lounge 貴賓室

VIA By way of 經由

VLDTY Validity 效期

VOL Volume 容量

W

WCH Wheelchair 輪椅

WCHC Cabin 需使用輪椅不能自己走路旅客

WCHR Ramp 需使用輪椅，但能上下樓梯及短距離行走旅客

WCHS Steps 需使用輪椅，不能上下樓梯，但能短距離行走旅客

WRNG Warning 警告

WT Weight 重量

Y

Y/CL Economy Class 經濟艙

附錄二　可疑爆炸物之檢查表

檢查項目 CHECK ITEMS		檢查狀況 SITUATION	附註 REMARK
架駛艙 （FLIGHT DECK）	組員座位含座位上／下／後方 Seats including seat backs		
	全部地板含方向舵踏板前方區域及所有座椅後／下方 Entire floor including area forward of the rudder pedals and beneath all seats		
	艙頂及左右側艙壁及後艙壁 Ceiling, side and rear wall		
	操控臺座及廊板 Pedestal and Consoles		
	風擋玻璃 windshield		
	所有儀表板及操作面板 All instrument and switch panels		
	煙灰缸 Ash trays		
	飛航手冊儲存間 Flight library storage		
	救生背心儲存間 Life jacket storage		
	備用燈泡儲存間 Spare lamp storage		
	組員氧氣面罩儲存間 Crew oxygen masks storage		
	逃生繩容器 Escape rope containers		
	附件儀表板儲存間及背面 Accessory panel storage & back		
	地圖盒 Map cases		
	機艙門及門後區域、逃生窗區域 Entrance door and window exit area		

檢查項目 CHECK ITEMS		檢查狀況 SITUATION	附註 REMARK
架駛艙 （FLIGHT DECK）	緊急逃生滑梯區域 Slide pack area		
	組員座位—含座位上／下／後方、救生衣儲存區、座墊間隙處 Crew seat-seta area、life vest storage space under seat and space between cushion and seat		
	乘客座位—含置物袋、腳踏板、救生衣放置袋、座位下方、扶手附近、座墊間隙處 Passenger seat-pocket、pedals、life vest bag、under seat、handle and space between cushion and seat		
	乘客及組員之氧氣面罩收存區 O_2 mask storage（crew and passenger's）		
	座位與隔板之間隔處 Area between partition and seats		
	救生筏收存區 Life raft storage		
	天花板及燈具凹陷處 Ceiling and light recesses		
	地板（除非發現可疑，否則切勿移動地毯） Floor- Do not remove carpet unless there is evidence that a foreign object is under it		
	隔板、側牆（含窗戶及遮陽板） Bulkhead compartment		
	座位上方行李箱 Overhead compartment		
	隔簾打開檢查 Curtains- open and inspect		
	緊急裝備存放區（箱）、已開封之急救箱Emergency equipment storage、First Aid Kit being opened		
	書架、雜誌架 Magazine racks		

檢查項目 CHECK ITEMS		檢查狀況 SITUATION	附註 REMARK
架駛艙 （FLIGHT DECK）	衣帽間、置物櫃 Closet / wardrobe		
	廚房窗簾打開檢查 Curtain- open and inspect		
	置物箱／餐具／餐車／垃圾車須移動檢查 Remove and inspect all container、tray (dinner set) and cart / Waste container		
	打開檢查所有的儲物櫃及烤箱、電器設備面板 Open and inspect all compartment、oven and electronic panels		
	牆壁、天花板及地板 Wall、ceiling and Floor		
	門 Door area		
	天花板（氧氣面罩收存區）、地板及牆壁 Ceiling (including O_2 mask storage)、floor and walls		
	檢查洗手臺、周邊及下方之區域 Inspect sink and area around / under sink		
	鏡子及後方空間 Mirror (include space behind)		
	衛生紙／面紙／擦手紙／座墊紙之儲物櫃、垃圾桶 Inspect all paper roll / tissue / paper towel / seat cover storage and waste compartment		
	馬桶及周邊區域 Toilet bowl (internal) and around / lid		

爆裂物處理須知

A.爆裂物辨識要領
　1.外觀辨識
　　a. 可疑記號 b. 多重包裝 c. 油漬滲漏 d. 可疑孔洞 e. 露出電線
　2.氣味辨別：火（炸）藥可由氣味辨別（杏仁味、機油味）。
　3.聲響判斷：有鐘錶滴答聲音之定時裝置。
B.爆裂物安全處理程序
　1.發現可疑物品，切勿用手觸碰，以免導致爆炸，並封鎖現場，避免人員
　　接近。
　2.立即報告單位主管並通知EVA航行安全室。
　　TEL：886-3-3516260，FAX：886-3-3510003
C.爆裂物安全注意事項
　1.不要接近或觸動可疑物品。保持安全距離。
　2.不要將可疑物品浸水
　3.不要用手拉開或撕開可疑包裹，開起箱盒鎖扣或
　4.不要剪斷可疑物品電線或任何繩線。
　5.不可翻動或傾斜可疑物品。
　6.不可切割或穿刺可疑物品。
　7.不可吸菸點火或將可疑物放置高溫處所。
　8.在可疑物品旁，關閉手機及無線電。
　9.不可將可疑物品放置於輸送帶。
　10.如需移動此可疑物品時，不可將其移往人員聚集處所。

附錄三　旅客搭機可攜帶之物品

◎旅客搭機可攜帶之物品之分類（手提／隨身攜帶／託運）

一、須託運、不可手提之物品名稱

A. 以下物品因有影響飛航安全之虞，不得放至於手提行李或隨身攜帶進入航空器，應放至於託運行李內交由航空公司託運（危安物品）

類別	說明
刀類	如各種水果刀、剪刀、菜刀、西瓜刀、生魚片刀、開山刀、鐮刀、美工刀、牛排刀、折疊刀、手術刀、瑞士刀等具有切割工能之器具等〔不含塑膠安全（圓頭）剪刀及圓頭之奶油餐刀〕。
尖銳物品類	如弓箭、大型魚鉤、長度超過五公分之金屬釘、飛鏢、金屬毛線針、釘槍、醫療注射針頭（註1）等具有穿刺功能之器具。
棍棒、工具及農具類	各種材質之棍棒、鋤頭、槌子、斧頭、螺絲起子、金屬耙、錐子、鋸子、鑿子、冰鑿、鐵鍊、厚度超過0.5毫米之金屬尺等可做為敲擊、穿刺之器具。
槍械類	各種材質之玩具槍及經槍砲彈藥管制條例與警械許可定製售賣持有管理辦法之主管機關許可運輸之槍砲、刀械、警棍、警銬、電擊器（棒）等（註2）。
運動用品類	如棒球棒、高爾夫球桿、曲棍球棍、板球球板、撞球桿、滑板、愛斯基摩滑艇和獨木舟划槳、冰球球桿、釣魚竿、強力彈弓、觀賞用寶劍、雙節棍、護身棒、冰（釘）鞋等可能轉變為攻擊性武器之物品。
液狀、膠狀及噴霧品類（國際線）	1.搭乘國際航班之旅客，手提行李或隨身攜帶上機之液體、膠狀及噴霧類物品容器，不得超過100毫升，並須裝於一個不超過1公升（20x20公分）大小且可重複密封之透明塑膠夾鏈袋內，所有容器裝於塑膠夾鏈袋內時，塑膠夾鏈袋須可完全密封，且每位旅客限帶一個透明塑膠夾鍊帶，不符合前揭規定者，應放置於託運行李內。 2.旅客攜帶旅行中所必要但未符合前述限量規定之嬰兒牛奶（食品）、藥物、糖尿病或其他醫療所需之液體、膠狀及噴霧類物品，須於機場安檢線向內政部警政署航空警察局安全檢查人員申報，並於獲得同意後，始得放於手提行李或隨身攜帶上機。
其他類	其他經人為操作可能影響飛航安全之物品。

註1：因醫療需要須於航程中使用之注射針頭，由乘客於機場安檢線向內政部警政署航空警察局安檢人員提出申報並經同意攜帶上機者不在此限。

註2：含有爆裂物、高壓氣體或鋰電池等危險物品之電擊器（棒）等，不得隨身攜帶或放置於手提及託運行李內。

B.屬危險物品者

安全包裝之彈藥	*每人5公斤，不得合併計算
裝有非溢漏式電池之輪椅或其他電動行動輔助裝置或符合特殊條款A123或A199	
露營用火爐及含有易燃液體之燃料罐	*必須排乾1小時，不加蓋至少6小時

二、僅可手提或隨身攜帶、不可託運之物品名稱

水銀氣壓計或溫度計	政府氣象局或類似官方機構之每一代表，可隨身攜帶一支水銀氣壓計或溫度計，為須裝進堅固的外包裝中，且內含密封之內襯墊或堅固防漏及防止穿刺材料製成之袋子，以防止水銀或水銀蒸氣的外洩。
備用鋰離子電池／行動電源（不超過100瓦-小時）	數量不限
備用鋰離子電池（100-160瓦-小時）	容量超過100瓦-小時但不超過160瓦-小時者最多2個
安全火柴（一個小包裝）或香菸打火機	隨身每人限帶一盒安全火柴或一個香菸打火機
心律調整器（隨身）	

◎旅客及組員可託運或攜帶上機之危險物品分項（須經航空公司同意與否）

A.須經航空公司同意始可託運上機

安全包裝之彈藥	*每人5公斤，不得合併計算
裝有非溢漏式電池之輪椅或其他電動行動輔助裝置或符合特殊條款A123或A199	
露營用火爐及含有易燃液體之燃料罐	*必須排乾1小時，不加蓋至少6小時

B.須經航空公司同意始可手提上機

備用鋰離子電池超過100瓦-小時但不超過160瓦-小時可手提攜帶上機，每個人不可攜帶超過兩個備用電池上機	*超過100瓦-小時但不超過160瓦-小時
水銀氣壓計或溫度計	*限政府官方代表，每人限一支

C.須經航空公司同意始可託運或手提上機

醫療用氧氣筒（僅受理由長榮航太提供機上適用之氧氣瓶）	
固態二氧化碳（乾冰）	生鮮食品防腐保鮮使用，每個可攜帶不超過淨重2.5公斤
在救生衣內之非易燃氣體氣瓶	*每人最多可帶2個，另可帶2個備用
產生熱源的產品	
可攜式電子醫療設備	

D.無須經航空公司同意即可託運或手提上機之物品

醫療、梳妝用品及分類為2.2類危險物品之噴劑	*單一物品不超過0.5公升，每人總重不超過2公升
義肢用氣瓶	
心律調整器（隨身攜帶）	
安全火柴（一個小包裝）或香菸打火機（隨身攜帶）	防風（藍焰）（雪茄）打火機不可攜帶，亦不可託運
含酒精飲料	
捲髮器	

含有鋰金屬或鋰離子電池之可攜式電子裝置	*如：手機、相機、DV……其備用電池須手提個別保護（放塑膠袋）避免短路，鋰電池容量100瓦特-小時以下
節能省電燈	裝於零售包裝件／作為家庭或個人使用
醫療或診療用溫度計	*每人限一支須放在保護盒內

E. 本公司不同意託運或手提上機之物品

使喪失行為能力的產品
電擊性武器
具有保全裝置之設備
裝有溢漏式電池之輪椅
雪崩救援背包
化學計量偵測設備
含有燃料電池系統之可攜式電子裝置
含有填充冷凍液態氮之隔熱包裝

附錄四　長榮航空機隊座艙配置圖

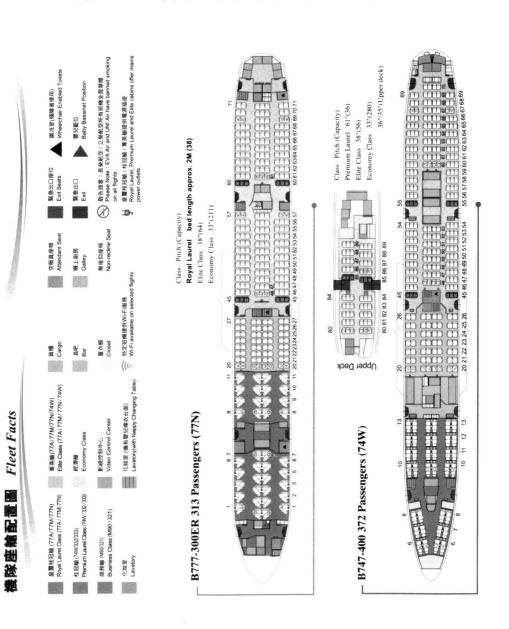

機隊座艙配置圖 Fleet Facts

皇璽桂冠艙 (77A/77N)
Royal Laurel Class (77A / 77M / 77N)

桂冠艙 (74W/332/333)
Premium Laurel Class (74W / 332 / 333)

商務艙 (M90/321)
Business Class (M90 / 321)

化妝室
Lavatory

菁英艙 (77A/77M/77N/74W)
Elite Class (77A / 77M / 77N / 74W)

經濟艙
Economy Class

影視控制中心
Video Control Center

化妝室 (備有嬰兒換衣台面)
Lavatory(with Nappy Changing Table)

貨艙
Cargo

冷吧
Bar

置衣櫃
Closet

特定班機提供Wi-Fi服務
Wi-Fi available on selected flights

空服員座椅
Attendant Seat

機上廚房
Galley

無椅背座椅
Non-recline Seat

盥洗室 (殘障使用)
Wheelchair Enabled Toilets

緊急出口座位
Exit Seats

緊急出口
Exit

嬰兒艙位
Baby Bassinet Position

敬告旅客：長榮航空 / 立榮航空所有班機全面禁煙
Please Note：EVA Air and UNI Air have banned smoking on all flights

皇璽桂冠 / 桂冠艙 / 菁英艙備有電源插座
Royal Laurel / Premium Laurel and Elite cabins offer mains power outlets.

B777-300ER 313 Passengers (77N)

Class　Pitch (Capacity)

Royal Laurel　bed length approx. 2M (38)

Elite Class　38"(64)

Economy Class　33"(211)

B747-400 372 Passengers (74W)

Upper Deck

Class　Pitch (Capacity)

Premium Laurel　61"(36)

Elite Class　38"(56)

Economy Class　33"(280)

36"/35"(Upper deck)

機隊座艙配置圖　Fleet Facts

敬告旅客：

本「座艙配置圖」僅供參考，基於民航法規規範、運航作業及飛行安全考量，「緊急出口座位」無法提供預先選位。若您有此需求，請洽詢機場劃位櫃檯人員協助。此外，預先選位作業另有相關限制及規範，詳情請洽詢訂位人員。

Please be advised that "Fleet Facts" is for general reference only. In accordance with CAA regulations, EVA Air / UNI Air safety regulations and flight operations policy, "Exit Seats" are not allowed to pre-reserve. Please propose your request upon check-in. Actual seat arrangements may vary from the diagrams and descriptions below. For further information please contact the EVA Air / UNI Air reservations office.

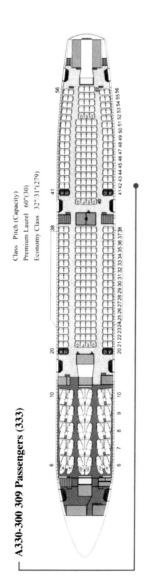

A330-300 309 Passengers (333)

Class　Pitch (Capacity)

Premium Laurel　60"(30)

Economy Class　32"/31"(279)

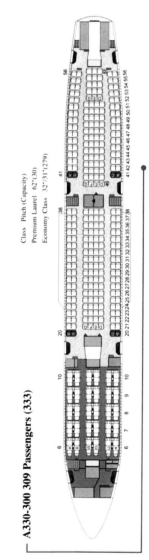

A330-300 309 Passengers (333)

Class　Pitch (Capacity)

Premium Laurel　62"(30)

Economy Class　32"/31"(279)

機隊座艙配置圖 Fleet Facts

皇璽桂冠艙 (77A/77M/77N/77N)
Royal Laurel Class (77A/77M/77N)

桂冠艙 (74V/332/333)
Premium Laurel Class (74V/332/333)

商務艙 (M90/321)
Business Class (M90/321)

化妝室
Lavatory

菁英艙 (77A/77M/77N/74W)
Elite Class (77A/77M/77N/74W)

經濟艙
Economy Class

影視控制中心
Video Control Center

化妝室 (備有嬰兒換尿布台面)
Lavatory (with Nappy Changing Table)

空服員座椅
Attendant Seat

機上廚房
Galley

置衣櫃
Closet

特定班機提供Wi-Fi服務
Wi-Fi available on selected flights

貨艙
Cargo

酒吧
Bar

緊急出口座位
Exit Seats

緊急出口
Exit

臥床室 (殘障者使用)
Wheelchair Enabled Toilets

嬰兒駕位
Baby Bassinet Position

⊘ 敬告旅客：長榮航空/立榮航空所有班機全面禁煙
Please Note : EVA Air and UNI Air have banned smoking on all flights.

🔌 皇璽桂冠艙/桂冠艙/菁英艙提供電源插座
Royal Laurel, Premium Laurel and Elite cabins offer mains power outlets.

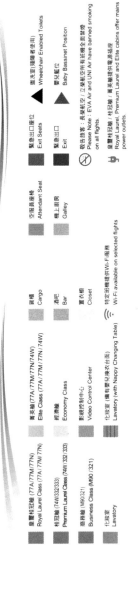

A330-200 252 Passengers (332)

Class	Pitch (Capacity)
Premium Laurel	61"(24)
Economy Class	33"(228)

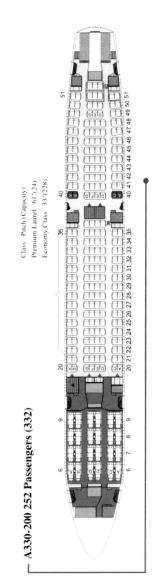

A321-200 184 Passengers (321)

Class	Pitch (Capacity)
Business Class	45"(8)
Economy Class	32"31"(176)

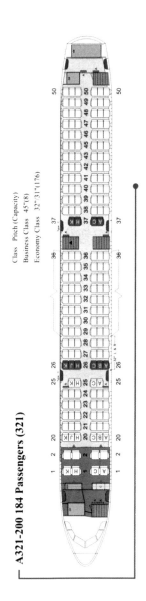

觀光旅運系列

空服員的服務管理

作　　者／蘇宏義
出 版 者／揚智文化事業股份有限公司
發 行 人／葉忠賢
總 編 輯／閻富萍
特約執編／鄭美珠
地　　址／新北市深坑區北深路三段 258 號 8 樓
電　　話／(02)8662-6826
傳　　真／(02)2664-7633
網　　址／http://www.ycrc.com.tw
 E-mail　／service@ycrc.com.tw
 I S B N　／978-986-298-249-5
初版一刷／2017 年 2 月
初版二刷／2020 年 5 月
定　　價／新台幣 400 元

＊本書如有缺頁、破損、裝訂錯誤，請寄回更換＊

國家圖書館出版品預行編目資料

空服員的服務管理 / 蘇宏義著. --初版. -- 新
北市 : 揚智文化, 2017.02
面 ; 公分. -- (觀光旅運系列)

ISBN 978-986-298-249-5（平裝）

1.航空勤務員

557.948   106000850

NOTE.....

NOTE.....